Shinkageryu

女子の
強くなる自分磨き
居合道プログラム

新陰流協会 監修

体育とスポーツ出版社

何事にも負けない強さを目指して

自分を高め、鍛えていく

己の課題に真摯に向き合い

昨日より強く、逞しく
自分としての道を求め続ける——

はじめに

皆さんは、居合道という武道をご存知でしょうか。刀を使い、主に型稽古により鍛錬を行っていく武道です。戦国時代にそのルーツが誕生したと伝えられている居合道は現代にも受け継がれ、日本が誇る伝統武道の一つとして存在しています。

今日、様々な目的で学ばれている居合道ですが、私たち新陰流協会では「強くなるための武道」として日々、居合道の稽古に励んでいます。当会で学ぶことができる新陰流居合道は、誰もが一から学び、強くなることのできる道です。理論に基づいた合理的な方法で全身を動かしていく。それにより、刀術としてはもちろん、素手術としても強力な技として発揮することができます。だからこそ例えば、小柄な女性が体格の大きい男性を投げ崩すようなことも可能になるのです。

近年では、女性を狙った凶悪事件の増加など治安の悪化が目立っています。ご自身やご家族、知り合いなどが実際に危ない目にあったことがあるという人もいらっしゃるのではないでしょうか。そのような世相を反映し、女性においても強くなることに対する関心が高まってきているようにも感じられます。女性こそ強くなる必要がある。ぜひ皆さんも新陰流居合道を学び、強い女性を目指してみませんか。

もちろん、新陰流居合道では、一朝一夕で上達がのぞめるというわけではありません。長期にわたりじっくりと基礎を固めつつ技を習得していく。だからこそ確かな実力として身につけていくことができるのです。

それだけでなく、強さに至る途中においても、「日々の努力が自身の生き方そのものである」という思いを抱き、それゆえの自信や誇り、充実感、さらには楽しさを感じることもできるでしょう。

本書では、新陰流居合道の魅力や意義についてお話しつつ、技を正しく学び始めていくための方法を、２ヶ月のスタートプログラムとして解説しています。稽古を始めるには、新陰流協会の各稽古場や道場に入門し習うことがもっとも順当な方法であり、その際のテキストとして本書を活用していただくことができます。ただ、さまざまな事情により稽古場に通うことができず、自分一人で稽古をしたいと考える方にとっても、本書は上達へ導く役割を十分に果たす内容となっております。

多くの女性が、心身両面の強さを身につける道として居合道を学んでいく。本書がその上でのきっかけとなることを望んでいます。

新陰流協会

新陰流協会は、全日本剣道連盟などの全国組織とは一切関わりのない独立団体です。また本書で紹介する技は、新陰流協会にて稽古・研究されているものであり、他の武道団体および道場のものとは関係ありません。

Contents

第3章
いよいよ実践
居合道2ヶ月プログラム

第4章
さらなる強さを目指し、
剣術・柔術にチャレンジ！

Column

本書の使い方

まずは第１章を読みましょう

これから新陰流居合道を始める人は、まずは居合道の特長や効果、そして始め方などの基礎的な知識を学んでいきましょう。

続いて第２章にチャレンジ

新陰流居合道の稽古において、入門初日で学ぶ基礎動作を理解していきます。各動作に関しては、QR コードより正しい動きが動画でご覧いただける他、連続写真やポイント解説などで詳細に学ぶことができます。ご自分一人で居合道の稽古を始める方には、その際のスタートプログラムとして、また道場に入門して居合道を習うという方には、稽古の予習、復習テキストとして、それぞれ活用していただくことができますが、いずれにしてもこの第２章における基礎動作をまずはしっかりと理解することが大切です。

いよいよ第３章で２ヶ月プログラムの開始

第２章で学んだ基礎動作を生かし、週代わりにて計８つの型を解説していきます。動画、連続写真とともに各技におけるポイント、さらには新陰流居合道全体を通じてふまえる重要事項をレッスンとして学び、強さを身につけていく上での正しい取り組みを行っていきましょう。

第４章では剣術と柔術も学んでいきます

居合道は、さまざまな他の武道の土台として有意義に生かすこともできます。そこで、その成果として剣術と柔術の稽古をご紹介していきます。興味のある方はぜひ挑戦をしていただければと思います。その際、相手（心得のある人）や場所など十分に安全上の確認をして行うようにしましょう。もちろん急に人に技をかけてはいけません。

一人で居合道を始めたい人にも、道場で習いたい人にも‥

最適のテキストとして活用していただくことができます。

動画の見方

本書では、２～４章において解説しているすべての動作について、動画で学んでいただくことができます。

1. QR コードで読み取りを行う

実技解説のページにおいて掲載されているそれぞれの動作について、スマートフォンなどの QR コード読み取りが可能な機器を使い、読み取りを行った上で動画を表示させます。

2. 動画を見る

各動作は、書籍の連続写真と同じアングルにての実演はもちろん、別のアングルからの実演も収録しており、詳しく学んでいただくことができます。

注意●室内にて視聴の際には、部屋を明るくし、画面からは適度な間をあけてご覧下さい。また長時間続けての視聴は避け、適度に休憩もおとりください。また野外にて視聴の場合は、音量など適度な量にて再生していただくなど、周囲の方のご迷惑にならないように視聴していただくほか、歩行しながら、自転車や自動車を運転しながらの視聴などは大変危険ですので絶対に行わないようにしてください。●一部の機種では QR コードの読み取りや動画の再生ができない場合もあり得ますが、使用環境や操作方法についてのお問い合わせには応じかねますので、ご了承ください。また万一、QR コード読み取りや動画再生の際に、機器に何らかの障害が生じても、いかなる補償もいたしかねます。●本書の動画を無断で複製、放送、上映、配信することは法律により禁じられています。

第1章
まずは居合道について知ろう

居合道の稽古に取り組む前に、まずは基礎知識についてお話しします。
居合道とはどのような武道なのか？なぜ居合道を学ぶことで強くなれるのか？
知っておきたいことをしっかりとおさえて、正しい取り組みをしていきましょう！

What's Iaido

そもそも居合道って何？

居合道の誕生、今日までの歩み、そして新陰流居合道の特徴についてお話していきます。

武士の技を学ぶことができる武道

居合道は、剣道や柔道と同じ日本の武道の一つです。戦国時代に武士たちが学ぶ刀術の一つと誕生したと伝えられています。イメージ上の相手に対して、腰に差した刀を鞘から抜き放ちつつ技をきめ、相手を制した上で鞘に納めて最初の状態に戻る。そのような一連の動きを型（形）として反復稽古していく武道です。居合道には、各道場において伝統的に受け継がれている流派＝技の系統というものがあり、現在における主な流派としては、夢想神伝流、無双直伝英信流、田宮流、無外流、関口流、伯耆流、そして新陰流などがあります。

多様な広がりを見せている

少し前までは敷居が高く馴染みにくいイメージのあった居合道ですが、近年では若い世代や女性、海外の愛好者も増加。健康運動あるいは伝統文化学習としてなど、様々な志のもとで学ばれています。また、全日本剣道連盟（居合道部会）や全日本居合道連盟などの全国組織に所属する道場で稽古する人、古武道道場で稽古する人など、通っている道場によりその人の学ぶ技や目的にも違いがあります。各組織や道場によっては、昇段制度や試合・大会などの開催をしている場合もあり、そこでの成果を目標や励みとしている人も少なくないようです。

一人で無理なく稽古ができる

居合道の稽古は基本的に、相手をつけることなく型を反復して行います。一人での稽古が中心になるため、年齢、性別、体格あるいは体力などに関係なくどなたにでも取り組むことができます。加えて、一人でやるからこそ冷静で正しく自分を見つめることができるのです。そして、そのような居合道の稽古は、道場に通うことが難しい人でも、本書のような教材、刀などの稽古道具、安全面において問題のない稽古スペースがあれば、独習することも可能です。

誰にも負けない強さを目指す新陰流居合道

新陰流という流派の居合道を学ぶ私たち新陰流協会では、武道の原点である「強くなること」を第一の目標として技の理解や探求を行っています。新陰流居合道の型稽古により、理論に基づいた動きの学習や、そのような動きを発揮するために必要な体づくりを行うことができます。そのような鍛錬により、自分よりもスピードやパワーが優れている相手にも負けない強さを身につけることが可能になります。本来ならば勝つことが難しい相手にも負けないような強さを目指す。それが新陰流居合道なのです。

年齢や性別に関係なくできる
今、注目の武道なんです！

Effects by learning

居合道による効果

幅広い目的で学ばれている居合道。学ぶ心持ち次第で効果の実感にも違いが出てきます。ここでは、新陰流居合道を学ぶことによる効果をご紹介していきます。

新陰流居合道で得ることができる最大の効果

自分の身を守れる"強さ"が身につく！

居合道から剣術、柔術への応用

新陰流では、居合道と併せて剣術や柔術も学んでいきます。一人での型稽古で身体の使い方を身につけることは、相手をつけても同じ様に発揮をしていく上での基礎となっていきます。

目指すのは、体格などに関係のない強さ

新陰流居合道では、体の大きさや年齢、性別に左右されない強さを目指します。それをかなえていくのが、「中心軸の活用」「全身を生かした体さばき」「相手に随い、内側から崩す」という3つの要素。詳しくは、次ページ以降で学んでいきましょう。

技に基づく強さは、心の強さも導いていく

相手を制し、自分の身を守ることができる強さが身につけば、何事にも動じない精神力をつけることができます。武道の良さは、身体だけではなく心の強さも育くめることです。

\ 強くなるだけではない居合道の効果 /

疲れにくくなる

型稽古により無理なく体力も向上すれば、日常生活でも疲れにくい身体になっていきます。加えて筋トレやストレッチの効果が加わり血行が促進され、疲労物質が血管内にとどまらない状態にもなっていきます。

人生にハリができる

稽古と併せて武士道的精神も学び身につけることができれば、自信、勇気、優しさに満ちた人間となることができ、人生が豊かになっていくでしょう。日々の生活につながる学びができるのが武道の魅力です。

姿勢がよくなる

居合道では常に直立した姿勢を意識し、そのために必要な技術と筋力を培っていきます。腰を中心に身体を立て上半身に無駄な力みが入らないようにとる姿勢は、猫背などの姿勢不良を正す効果も。

心が落ち着く

体に力みをもたせず、静かかつ丁寧に取り組む稽古は、脳を刺激し、心を落ち着かせ、さらにはストレスを解消する効果も。その際、心を安定させる働きをもつ脳内セロトニンの活性化効果なども期待できます。

よく眠れる

全身の筋肉を使う日中の稽古により交感神経が刺激されると、夜間には副交換神経が活発となります。すると体内はエネルギーを蓄積する方向に向かい、より良い眠りをもたらすことができます。

筋トレになる

全身をくまなく動かすことにより、通常の筋力トレーニングなどでは鍛えにくい、体の内側に存在し表層には表れていない筋肉、いわゆる「インナーマッスル」を鍛えることができます。

美容・健康に良い

筋肉には遅筋と速筋があり、このうち持久力に優れるのが遅筋です。居合道の稽古では、正しい姿勢をとり丁寧に動くことによりその遅筋を鍛えることができます。遅筋が鍛えられることにより脂肪燃焼、ボディメイクなど美容・健康の上で嬉しい効果があります。

Mechanism

居合道で強くなれるワケ

新陰流居合道は、相手の斬りならびに身体を崩して勝つ武道です。
なぜそのようなことが可能になるのか、そのしくみについてお話します。

1 中《ちゅう》心《しん》軸《じく》を活用する

新陰流居合道で大切なのは、まっすぐな姿勢をとること。力みや崩れのない姿勢をとることで、身体をより良く動かすことが可能に。さらに、そのような姿勢により自身の身体に「中心軸」がある状態にします。中心軸とは、腰の中心を通り、頭頂へ抜ける垂直線です。

刀で相手を打つ際には、刀と相手との接点が自身の中心軸の前にくるように技をきめます。つまり相手から見た時、接点とこちらの中心軸が一直線上に重なります。これにより、中心軸に裏打ちされた強力な一撃になるのです。このような技のきめにおいても有効な理論は、防御においても強力さを発揮します。

腕だけの持ちこたえとなり崩されてしまう

中心軸と相手との接点が一直線上にない状態で相手に押されると…

中心軸が裏で支える状態となり崩れない！

中心軸と相手との接点を一直線上においた場合相手から押されても…

2 全身を生かした体さばき

強力な技のきめは、全身による体さばきをもって行います。体さばきとは、体の向きや位置を変える動きのことを言います。全身が一丸となった体さばきの強力さが太刀先に伝わり、相手の斬りや身体を崩す上で有効となります。そして、そのような全身の動きは手足ではなく、腰を中心にした動きを行うことで発揮することができます。

手足ではなく
腰で全身を動かす！

全身を使う体さばきが柄に伝わり相手の身体を崩すことができる

3 相手に随《したが》い、内側から崩す

斬りつけなどの相手の動きに対してわずかに遅れる形で自身の動きを発していきます。その際、相手の動きに対して協同するように抵抗や反発もしません。相手の動きを生かしながら動き、それを伝えることにより相手を崩していきます。つまり、相手の動きに随い、内側から崩すのです。

相手と同じ方向へ
斬り付けをきめる

斬りつけてくる相手の刀の裏側に回り、相手の動きに反発せず「裏から助ける」ように動くことで、相手の身体や太刀筋を内側から崩している

以上のポイントをふまえて技を発揮することで相手を崩し、制していくことができます。
それは刀を使って斬る時だけではなく、素手で相手を投げ崩す動きとしても応用させていくことが可能です。

居合道女子

居合道から得ることができる強さとは？
新陰流居合道の稽古に励む居合道女子３人にインタビュー。

Iaido Girl 001

あるべき姿を目指して進み続けたい

末岡志保美さん
Shihomi Suoka

本書籍において、表紙や実演のモデルを務める末岡志保美さん。温和な雰囲気の彼女だが、稽古着を着て道場に現れると、凛然とした印象に一変。その所作には、静かながらも相手を制するような緊張感が存在する。

武道こそが生涯の道という思いから日々不断の稽古に取り組む末岡さん。入門４年目にして、稽古場の指導担当も任命されるほどの実力の持主だ。

幼い頃から強さへの憧れを抱いていたという末岡さん。だが、本格的に武道を始めることはなかった。

「心のどこかで、強くなるなんて無理なのではという気持ちがあったのだと思います。学業などに追われるまま、武道とは無縁の生活を過ごしました」

22歳の時、大学のミスコンテストに出場。グランプリの受賞をきっかけに自分が本当にしたいことについて考えたという。

「何かをしなければという焦るような思いで出場を決意したコンテストでしたが、正直、昔から自分に自信がなくて。周囲から色々な評価を受けているうちに、自分がいてはいけない存在のように感じてしまいました」

最終的に、生きている目的すら分からなくなってしまったという。街中で呆然と涙を流すこともあったそうだ。

「考えてみると、それまで自分が何をしたいかではなく何をすれば他人から認められるかばかりに躍起になっていたように思います。自分の中に軸となるものがなかったのです」

そんな時に頭に浮かんだのが、昔から抱いていた武道への憧れ。武士が好きという思いから、自宅近くの道場で剣道を開始。その後、知り合いの紹介で新陰流協会にて居合道の稽古も開始した。

「最初は居合道がどういうものかも知りませんでした。しかし、体の動かし方などの奥深さ、さらに腕力を使わずに相手の身体を崩す技に触れる中で、この道を学んでいくことで強くなれるのではと感じるようになりました」

居合道の持つ魅力にどんどんと惹かれていった末岡さんは、時間の許す限り多くの稽古に参加。より早く上達がしたいという思いから師範に個人稽古を依頼。以降ほとんど毎日という時間を居合道の稽古に費やしてきた。

そのような日々の積み重ねにより、技の上達だけではなく心の持ち方にも変化が出てきたという。

「仕事や人間関係。生きていると悩みや迷いは尽きません。以前はそんな時、どうするべきか分からず立ち止まってしまっていたように思います。しかし、強さを目指し武道に励むようになってからは、目標に向かって常に歩むべきと考え、前に進めるようになりました。武道は果てのない世界です。そのような道と出会ったことで、いつでも歩みを止めない原動力のようなものを得ることができたのだと思います」

末岡さんには今、新たな悩みがあるという。

「思うように体が動かずもどかしいです。上達のため、歩く時や電車を待つ時も身体のとり方などを意識しているのですが、本当に難しい。しかし、そのような課題に取り組んでいる時間が楽しくて仕方ありません」

入門後、強さを求める気持ちから師範の紹介や指導のもと、合気道、キックボクシングなどの武道や格闘技も経験した末岡さん。その上で新陰流居合道を自分の武の道とする決意を固めたという。

「居合道を学び始めて4年。まだスタートを切ったばかりです。けど何年かかっても良い。死ぬまでにどれだけ自分を高められるか。そう考えると止まっている時間はないと感じます。少しでも多く稽古を積んでいきたいです」

1991年11月26日生まれ。横浜国立大学ミスコン2014グランプリ。現在、スペースクラフトエンタテインメントに所属。新陰流居合道三段。よみうりカルチャー自由が丘・恵比寿にて居合道入門講座の講師も務める。

悩む時ほど稽古に打ち込むー。すると、ここで立ち止まっていてはだめだと気付かされるのです。

そんな末岡さんは、居合道という世界の魅力を女性にこそ知ってもらいたいと話す。

「ニュースなどを見ていると、女性をねらった犯罪の多さに気づかされます。もちろん、危険に巻き込まれないことが一番です。しかし、万が一巻き込まれてしまったらー。そう考えると、少しでも対処ができる技を身につけておくことは、勇気や自信につながると思うのです。武道には、体はもちろん心も強くなれる要素があると思います。昔の私のように、生きる希望が持てずに悩んでいる女性に、武道を通じて前向きになっていただけたら嬉しいです」

外務省の仕事の中でも居合道が生きてくるときがありますね。

居合道で学ぶ日本人としての強さ

山下亜加音さん
Akane Yamashita

現在、外務省国際法局経済条約課に勤務する山下亜加音さん。五年前、赴任していたフランスから帰国した際、体を使うこを習い、バランスのとれた生活をしたいと考えた。そこで始めたのが新陰流協会北千住道場での居合道の稽古であった。

「一生続けることのできる運動をしたいと考えていました。また、体格や性別に関係なく自分の力を効率よく発揮することのできる日本の武道にも大きな関心を持っていました」

居合道は、誰もが自身の中にある「強さへの可能性」を実感することのできる学びの道といえる。山下さんはその点において楽しさやりがいを感じるという。

「新陰流協会の道場では、素手による体術も稽古するのですが、腕力を使わず、身体の使い方で相手を崩す動きを体験した時は驚きました。使い方次第で自分の身体の中にも強さの可能性があるということに喜びと自信を感じます。自分の身体にすでに備わっている強さを引き出していく、それこそが日本人としての強さなのかもしれませんね」

入門以来、地道な稽古を重ね、ついに三段を取得した山下さん。最初は、居合道での学びを仕事の中で生かそうという意識はなかったそうだが、次第にそれを実現している自身を感じるようになったという。

「技に入る時には、姿勢や呼吸を正しくとり、自分の軸を持ちますが、それによって心も落ち着き、定まってくるという感じになります。すなわち、体を使うことで心をコントロールしていくのですが、このような感覚や方法は居合道を学ぶまで知らないものでした。その心得は、仕事の中で焦りそうな時などに使わせてもらっています。

また仕事の中では、さまざまな国の方々とお話をする機会があるのですが、そのような時に政治や経済の話だけではなく、日本の文化に関して伝えていくことが求められることもあります。その際、自分自身が何らかの日本文化の技術を身につけているということは、とても誇らしいことです」

技や精神への理解をさらに高めて、いずれは居合道の中にある武士の心について、海外の方たちへ伝えることができるようになりたいと話す山下さん。

「武士の心とは、決してやたらと刀で人を斬るというような暴力的なものではなく、むしろそのような暴力的なことを避けるための心であり、強さであることを知っていただきたいです」

TPPなどの外国との取引に関る業務を行う山下さん

正しい決断のできる心の強さを目指して

川越宇宙さん
Sora Kawagoe

織田信長の決断力に人間としての強さを感じます。

新陰流協会自由が丘道場にて稽古に励む川越宇宙さん。川越さんと武道との最初の出会いは、慶応義塾大学在学中の体育の授業だそうだ。

「子供の時から強くなりたいという願望を持っていました。そこで護身術を学び身につけたいと思い、その点合気道なら小柄な体格の私でも無理なく学ぶことはできるのではないだろうかと考えました」

合気道の授業では、素手による投げ技に加え、毎回木刀による素振りもあった。その中では、心を落ち着けて技を発揮することによる充実感も感じたという。そして、そのことが川越さんに剣の世界というものに興味を抱かせる扉となった。

「新陰流協会自由が丘道場がオープンした時に、父がそのチラシを見せて入門を勧めてくれました。私自身も関心を持ったのですが、続けることができるのかという不安な気持ちから、入門を決意することができませんでした」

大学を卒業し、公的金融機関にて勤務する生活が始まった。そのような環境の変化の中で、それに立ち向かうことのできる心の強さの必要性を感じるようになったという。

「色々なことが重なってもやもやしていた時期でした。それをすっきりとさせたいと考えた時に、合気道の授業を受けている時は、静かで落ち着いた心になれたことを思い出しました。常にそのような状態になることのできる心の強さを得たいと考えたのです」

その思いで道場に入門。強さを目指す川越さんの取り組みが始まった。

新陰流協会各道場では、課題となる技を数本連続して繰り返す稽古方法が頻繁に行われる。

「先生の『始め』という号令のもとに、連続して技を発揮しなくてはなりません。1回目の技が良くても悪くても、すぐに2本目の技に入っていかなくてはならないのです。このような鍛錬は、生来あれこれ思い悩みすぎてしまう私にとって大変有意義に感じます」

行動や発言を躊躇してしまいがちな性格であるという川越さん。このような取り組みは、心技両面において自身を強く育むものだと実感するそうだ。

「稽古を通じての目標は、心の強さを得て、決断ができる人間になることです。父の影響で歴史が好きで、特に織田信長を敬愛しているのですが、やはり信長は決断能力において秀でた武将だったのではないかと思います」

日々の稽古の中で常に課題と向き合い、乗り越えていく。そのような取り組みを繰り返しながら、川越さんは正しい決断のできる自身への道を歩んでいる。

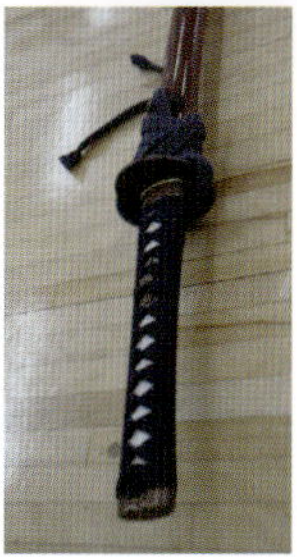

川越さんが使用する居合刀である
織田信長愛刀「光忠」の写し（左下）

How to start

居合道の始め方

居合道を始める上で必要な道具や知識などを確認していきましょう。

道場で習う doujyo

居合道の稽古をはじめる最も基本的な方法は、道場に入門することです。最近はインターネットなどで道場を探すことも有効なようです。本書で紹介している新陰流居合道を学びたいという方は、新陰流協会のホームページへお問い合わせの上、ご自宅や職場などの近くで通いやすい稽古場を紹介してもらい、まずは見学をして入門を申し込むと良いでしょう。

自分で稽古する self-study

様々な都合により道場への入門が難しく、自分一人で学びたいという方は、そのための場所を探す必要があります。比較的料金が安価という点でおすすめなのが、公民館や地区センターなどの公営の施設。その場合、刀を振っても壁や天井にあたらないかや、武道の稽古で使用可能であるかなどの確認が必要です。自宅で刀を振ることは危険なので絶対にやめてください。また、近所の公園や広場でも刀を振ることは原則できません。

居合刀 iaitou

初心者の方は安全面などを考え、真剣ではなく合金製の居合刀を使用すると良いでしょう。居合刀は武道具店などで直接購入またはインターネット通信販売でも購入することができます。その際、居合道の稽古に使用可能な居合刀であるかの確認をしましょう。観賞用模擬刀の場合、刀身や柄などの強度が低く振ったとたんに折れてしまうこともあるので要注意。居合刀の価格は、およそ2万円くらいからあります。

衣服 clothes

稽古着に袴、という居合道用衣服あるいは剣道着などがのぞましいですが、自分で稽古をされる場合はジャージなどの動きやすい服装に、刀を差すための居合道用帯（着物の角帯などでも可）さえあれば、稽古を行うことは可能です。居合道用衣服や帯は、武道具店にて販売しており、中にはセットで数千円ほどで購入できるものもあります。袴の付け方に関しては、前著『初心者からの居合道 新陰流』をぜひ参考にして下さい。

心構え kokoro

型稽古では、身体に余分な力を入れないことが大切です。力が入ってしまうと、筋肉や関節に無理な負担を加えることにもなりかねません。また、型の動き一つひとつに課題をふまえて取り組まなければ、動きは雑で乱暴なものにもなり上達も遠ざかる他、刀を落としてしまったり床へ斬りつけてしまうこともあり得ます。居合道の稽古はどなたでも取り組むことのできる道ですが、心構えや意識の持ち方により、その質や効果には大きな差が出てきます。

体調管理 conditioning

稽古は、常に万全の体調で取り組みましょう。居合道における型稽古は全身の筋肉や関節を使用する運動です。疲れがひどい時や体調が優れない時は決して無理をしないように。また、体に動かしにくいところなどがある場合は、型稽古として正しい取り組み方である「ゆっくり静かな動き」を念入りに心掛け、ご自身の動ける範囲を見定めつつ、取り組んでいただくことが大切です。また妊娠中の方に関しては、その期間の稽古は行なわないようにしましょう。

Experiment

居合道一日体験レポート

居合道を習ってみたいと思っても、稽古場の雰囲気がわからなければ不安という方も多いのではないでしょうか。そこで今回は、武道未経験の女性お二人に東京自由が丘にて行われている新陰流協会稽古に体験をしていただきました。

体験してくれたお二人

小川千尋さん

26歳。事務職。あるテーマパークで刀を振る体験をしたところ思っていたより難しく、しっかり振れるようになりたいと思ったのが興味を持ったきっかけ。

風間琴菜さん

20歳。歯科助手。運動歴は陸上や体操など。小学生の頃から刀に憧れがあったことや、もう一度何か運動をしたいという思いから居合道を体験してみることに。

01 東京・自由が丘の稽古場へ！

稽古の場所となる「よみうりカルチャー自由が丘」の入り口に到着。こちらで開講中の「やさしい居合道」（毎月第二、第四日曜日 11 時～ 12 時 30 分・講師：末岡志保美）に体験受講してきます。

02 準備は完了。これより体験開始

明るく広い更衣室にて着替えの後、いよいよ稽古の部屋へ。この講座では、スポーツウェアなどの動きやすい服装で参加できます。

緊張するけど楽しみ！

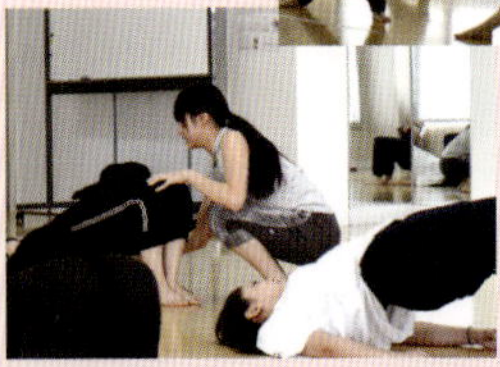

03 まずは基礎トレーニングから

最初は柔軟運動。さらに居合道で必要な体の取り方を学ぶ基礎トレーニングへ。

「刀を使うには体幹やインナーマッスルが大切だと実感できました。普段使わない筋肉をしっかりと鍛えることができて良かったです」（小川さん）

いい運動になるなぁ

04 基礎トレーニングはさらに続く

技を発揮する上で大切な腰の取り方を鍛錬する一文字腰。そして腰を入れて体をさばく動きに挑戦。
「基礎である身体の使い方から丁寧に教えてくださったので、より理解ができました」（風間さん）

05 いよいよ刀を使っての稽古

刀を使った礼法を行った後には、素振りや型の稽古。
「女性の先生がしっかりと見て優しくアドバイスを下さるのでとても理解しやすかったです。他の生徒の方も手を貸してくださり、稽古場の雰囲気も良いと感じました」（風間さん）

腰を使いましょう

06 だんだんと表情も引き締まったものに

型の稽古にも慣れ、凛然とした表情になっていくお二人。
「普段手にすることのない刀を使っていると『武士たちもこんな感じで刀を振っていたのかな』と妄想が広がり、わくわくしてきます」（小川さん）

07 稽古を終えて…

体験を終え、講師の末岡さんと談笑するお二人。後日、正式に新陰流協会に入門し居合道の稽古を開始することに！
「イメージ通り居合道はとてもかっこよかったです。私も早く先生のように上手になりたいです。居合道は集中して取り組むので、頭をすっきりとさせる効果があると思います」（小川さん）。
「日常生活で使わない筋肉を動かす事ができました。姿勢も意識して取り組むので、悩みの猫背も改善するかも！」（風間さん）

上達を目指してがんばります！

DATA　新陰流居合道講座「やさしい居合道」
日時：第2・4日曜日 11時～12時30分
場所：よみうりカルチャー自由が丘
（東京都目黒区奥沢 5-27-5 魚菜エステートビル3F　TEL 03-3723-7100）

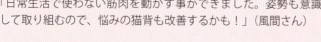

Iaitou showroom

私の居合刀紹介

稽古に取り組む上で欠かせない道具はやはり何と言っても居合刀。
ここでは、居合道女子たちが愛用する居合刀を紹介してもらいました。
カッコ内には購入店も記載してありますので、居合刀購入の際の参考にもどうぞ。

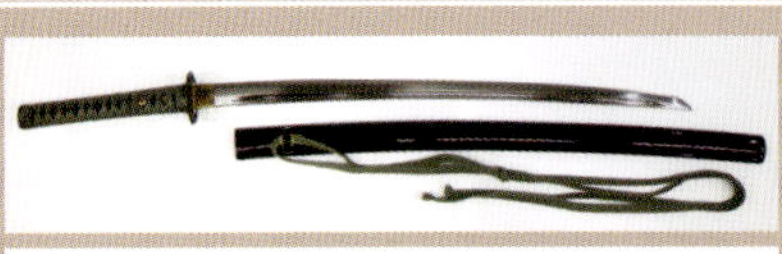

Iaitou no.01

中伝黒鮫正絹鶯捻巻（濃州堂）

鍔は雪と桜をモチーフに意匠をこらして専門の鍔師さんに制作していただきました。金具は江戸時代のものを購入し合わせました。

永井夕貴さん

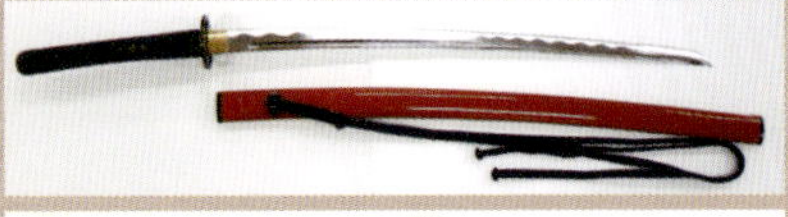

Iaitou no.02

居合刀別誂
黒鮫純綿黒捻巻（東山堂）

鞘の色は紺色の稽古着とのマッチングを考え選びました。かなり鮮やかな色で気に入って使用しています。

鈴木美紀さん

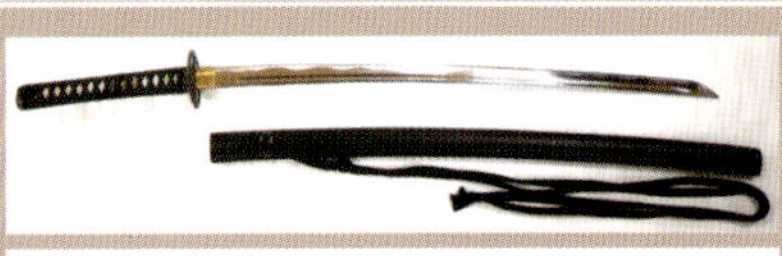

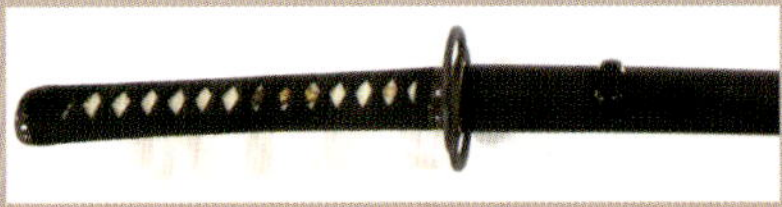

Iaitou no.03

初伝白鮫純綿黒捻巻（濃州堂）

鍔は宮本武蔵考案の武蔵鍔です。シンプルなデザインの上、使いやすく感じています。刀身のバランスも良く稽古には最適です。

渡辺璃伊奈さん

Iaitou no.04

剣術刀白鮫純綿黒捻巻（鹿屋）

下緒は購入時は黒色でしたが、大好きな緑色のものに付け替えて使用しています。弟も同じ刀を購入し、白い下緒をつけています。

後藤真由さん

濃州堂	0575-22-2397	http://nosyudo.jp/	匠刀房	0575-23-1922	http://www.takumitoubou.com/
東山堂	075-432-1669	https://tozando.net/	しのびや	0120-307-248	https://www.shinobiya.com/
大澤商会	0575-24-3006	http://www.katanayasan.com	鹿屋	0742-22-3181	http://www.omiyage-nara.com/

Iaitou no.05

居合練習刀
白鮫純綿黒捻巻（匠刀房）

居合道をはじめるにあたり父が購入してくれました。重い刀ですが、より振れるようになってきました。

中島美南海さん

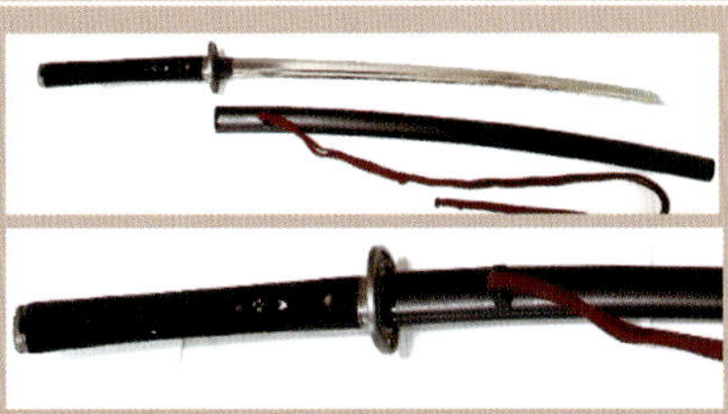

Iaitou no.06

居合刀DX
黒鮫純綿黒捻巻（しのびや）

自身の誕生花である梅を模様とした鍔と、紅色の下緒とのマッチが気に入っています。

赤堀愛可さん

Iaitou no.07

同田貫写し白鮫純綿黒捻巻
（しのびや）

偶然立ち寄った店舗で一目ぼれして購入しました。無駄な力みを入れないとスッと振れるように感じます。

高井恵美さん

Iaitou no.08

居合刀練習刀
白鮫純綿紫捻巻（大澤商会）

一目みて「この刀だ」と感じて購入しました。内面の強さを得ることも目指し共に歩んでいきたいです。

鈴木朝子さん

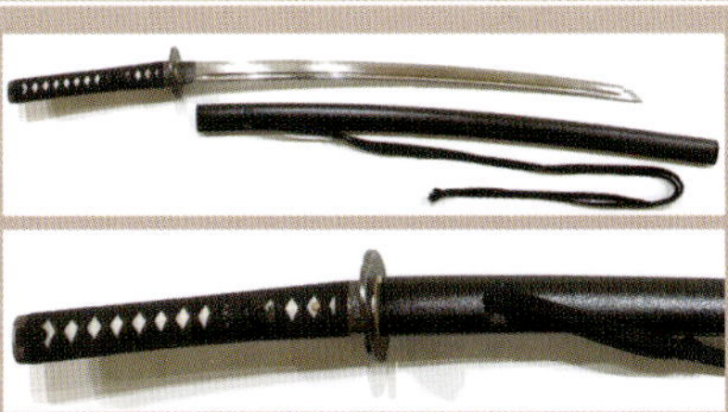

Iaitou no.09

居合刀別誂
白鮫純綿黒捻巻（東山堂）

私に対して手厳しい刀です。でもそこが気に入っています。いい相棒になってもらうべく精進します。

平本真紀さん

Iaitou no.10

居合刀別誂
白鮫純綿黒捻巻（東山堂）

はじめて購入した刀として、稽古に行きづまった時などに初心に帰るきっかけを与えてくれます。

湯下美穂さん

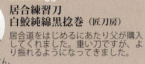

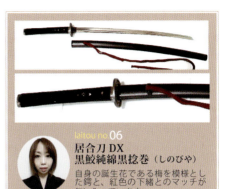

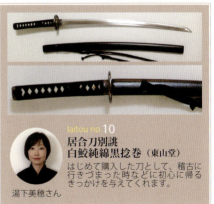

Column01

女性の活躍×居合道

女子居合道稽古会・護身術セミナーの開催

最近は武道に取り組む女性の数も増え、新陰流協会においても数多くの女性稽古生が日々稽古に励んでいます。そうした状況をふまえ、平成30年3月、新陰流協会初の女性稽古生のみによる居合道稽古会が開催されました。当日は、普段通りの型稽古を中心に、姿勢や体さばきなどの基礎訓練も多く行い、気がつけば男性も参加する普段の稽古よりもハードなものに。女性同士、さらには武道という同じ道に励む者同士としての連帯感や親近感を感じながら、一人ひとりにとって強さを目指す上で有意義な時間となりえたようでした。

一方、道場に通うのは難しいという女性の方にも、強くなることの必要性は伝わり始めているようです。そのような中、平成30年の4月東京芸術劇場において開かれた株式会社アンコトンの社員研修会に当協会指導員が招かれ、新陰流居合道を土台とした護身術セミナーが行われました。アパレル関係の会社である株式会社アンコトンでは、女性の従業員も多く、日々の接客などにおいて危険な目にあった経験がある方も少なくないということでした。そのような時に自身の身を守るために使える技術として、腕力をつかわずに比較的簡単に相手を崩すことのできる動き3本を実演解説。その上で、時間の許す限り全員で技に取り組みました。技の効果に驚く声､熱中する声。中には､「今後の業務や生活の中で心強くいることができそうです」と、様々な意見を耳にすることができました。

ともに女性が強さを目指し集中して取り組む時間であった女子居合道稽古会ならび護身術セミナー。参加者にとって、大きな充実感とともに自分の中にある強さへの可能性の存在を感じることができたのではないでしょうか。女性が強さを得ていくことで自分の可能性を広げ、より良く生きていく。そのような流れをさらに大きくしていくことは、武道だからこそなせる大切な役割と言えるでしょう。

第 2 章

居合道初日メニューで基本を学ぶ

ついに実技学習のスタート！
型稽古に取り組む上では、型の動きを構成していく基本的動作についての理解が大切。
そこで最初はその基本的動作の解説を行っていきます。

Lesson 01

姿勢

強力な技を発揮する上で、正しい姿勢であることは最も大切な要素。自身の身体を崩れのないまっすぐな姿勢としてとることで体幹が充実し、よりしっかりと動くことができます。さらに相手の身体や太刀筋を崩すことのできる高度な技を繰り出すことも可能になります。

頭：頭頂が真上を向く

目：開きすぎない

左右の肩、ひざ、腰の高さが同じ高さでそろっている

胸：自然に左右に広がり、緊張がなく自由に動ける状態

脚：力みや緊張はない（特に膝）。それにより安定しつつ軽やかに動く

新陰流居合道の姿勢のとり方

新陰流居合道における姿勢のとり方は、まず「腰を後ろから支えてもらっているような意識」にてまっすぐに立て、さらに肩を後ろにひき力みを外していきます（その際、腕が身体の前ではなく自然に横にくるようにします）。また丹田（へその下あたり）をわずかに真下にさげる心もちをとり、最後に仕上げとして、自身の身体を貫く中心軸（腰の中心を通り頭頂へ抜ける軸）が存在するように意識します。

このような姿勢には注意

長年の癖や生活習慣などにより猫背（首や肩が前に出ていたり、腕が上に上がらない場合が多い）や反り腰（骨盤が前に傾いていたり、おなかが前に突き出されている）になっている方も多いようです。そのような姿勢の場合、高度な技を発揮することが難しいだけでなく、体の不調にもつながるかもしれません。居合道の稽古を通じて正しい姿勢を身につけ、強く健康な身体を得ていきましょう。

呼吸

　型の動きに入る前の呼吸は、基本的には腹式呼吸で、ゆっくりと鼻から息を出しながら腹を引っ込め、続いて今度は鼻から息を吸いつつ腹を戻していきます。型の動きに入る際には、その上で息を吸いきったところで息を止めて刀に手をかけて発揮していきます。型の動きの中で呼吸を再開する時は、あまり表面にはあらわれないように静かに行います。

目付け

　目付けにおいては目は開きすぎず、型の動きの前後では４メートルほど先を上から見下ろすようにとります。相手（イメージした相手も含む）が存在する時は相手の身体全体（中心軸）と刀を持つ手元を同時に視野に入れてとらえるようにし、相手の動きを的確に理解できるようにしていきます。

　このような呼吸や目付けは身体の状態を整え、集中力の発揮を導く上で有意義な心得となりますので、ぜひ稽古の際には丁寧に実行していきましょう。

耳とくるぶしがまっすぐにそろっている
腹：臍を下に向けるような意識を持ち、それにより下腹に幾分の力が集まるようにする
腰：まっすぐに立てている。同時にそれにより背骨が正しく伸びる
足裏：踵、親指の付け根、さらに軽く小指の付け根で床に接する

Lesson 02

礼法

始めの礼法

武道の一つである居合道は、稽古のはじめと終わりにおいてそれぞれ礼法を行います。武道の礼法とは、技の鍛錬を通じて正しい心も学んでいこうとする心構えを表したもの。静かな心で丁寧に行っていきましょう。

技の動きを動画でチェック!

左腕自然に伸びている
親指の第一関節を曲げて鍔にかける
足先は正面

1 提げ刀姿勢（左手に刀を持ち、その左手を自然に下げた姿勢。いわば休めの状態）から

刀は腰の高さ
刀は約 45 度
親指の腹を鍔にかける

2 携刀姿勢（提げ刀姿勢から左手を腰の高さにあげた姿勢）となり

手のひらと親指ではさむ

3 右手に刀を持ちかえ、左手は鞘に添え

目線は下げる
腰まっすぐ

4 柄を右側、刃を自身に向けた状態にて礼を行う

親指と人差し指で分ける

5 左手で帯の間を分け、刀を帯に差す

柄頭が身体の中心
一度前方へ伸ばした上で下緒を後ろへまわす

6 下緒（鞘に付属する紐）を後方へ流し、鞘の上からかける

side angle

刀を腰に差した状態では、原則下緒のさばきは左手で行う

7 両手を刀からはずす

終わりの礼法

左手を腰に添えていく
手のひらを上に向けて刀の下にかけていく

1 左手次いで右手を刀にかけ

2 左手で下緒をはずし右手に渡す

3 右手で刀をはずし

4 始めの礼法の要領にて礼を行い

5 刀を左手に持ちかえ携刀姿勢となり

6 左手を提げ、提げ刀姿勢となる

Point01

提《さ》げ刀の際の下緒《さげお》さばきと携《けい》刀姿勢の注意点

提げ刀姿勢となる時、下緒は三等分（下緒を鞘に沿った状態で伸ばし、そこから鞘の先端である鐺（こじり）のあたりからつまみ、あげてくるとおよそ三等分になる）にした上で三つ折にまとめ鞘とともに左手で握る。刀を腰の高さにとる携刀姿勢においては、刀の柄頭は自身の中心にくる。また横から見た時、刀は角度が約45度にて後ろ下がりとなる。鍔には左手の親指の腹が鍔の真上よりやや内側にかかる（提げ刀姿勢の時は親指の第一関節が鍔にかかり刀が抜け出ないようにする）。

Lesson 03

抜きつけ

刀を鞘から抜き放ち技をきめていく。それが抜きつけであり、居合道の技術的特長として最大の点となります。この抜きつけのうち基本となる、「横一文字の抜きつけ」（刀を床と水平に抜き放つ）を見ていきます。

まっすぐ前に
目付け
下から手
をかける
腰はまっすぐ
足先は正面
右腰を前
に入れる
腰を落と
していく

1 刀に手をかけ

2 刀を抜き出しはじめ

Point01

刀に対しての手のかけ方

刀に手をかけていく時は、左右の手はともに下からあげていく。そして柄にかかる右手は拝むような形をイメージし、その上で柔らかく握るようにする。最初に手をかけた時の状態が、それ以降の柄の握りの土台となるため、丁寧におこなっていくことが重要。力みが入った硬い握りとなってはいけない。

技の動きを
動画で
チェック！

Point02

抜き出しは腰のさばきで行う

刀を鞘から抜き出していく動きは、柄を持つ右手の動きで引き出すのではなく、右腰を前に入れる動きをもって行い、それにより姿勢を崩さずにきめていく。右手だけの抜き出しでは、刀はなかなか抜き出せず、身体もすぐに崩れてしまうので注意。

3　途中で胸の開きをくわえ剣先を鞘の鯉口（刀の出入り口）まで運び

4　刀を抜き放ち

5　横一文字に抜きつける

Point03

抜きつけの際の小指の締め

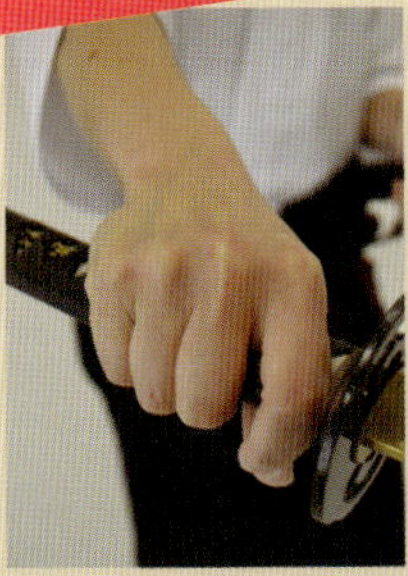

抜き出しが十分に行われたところで左前に身体をさばく動きとともに右手の小指を締めることで剣先が鯉口から放たれ、抜きつけがきまる。この小指の締めにより刃筋が通る（刃が乱れずにまっすぐ通っていくこと）が、その他、抜き出し時において上を向いていた刃を横一文字に変える上でも役割をはたしている。

Lesson 04

納刀

刀を鞘に納める「納刀」は、身体のさばきの鍛錬として重要な動作となります。刀を抜き出す際の動きと同一の身体の使い方であることを意識し、それぞれを関連させつつ稽古を重ねていくことが大切です。

まっすぐ前に
目付け
親指と人指し指
でとる
腰は
まっすぐ
足先は正面
鯉口が
肩の高さ

1 鞘の鯉口を左手でとり

2 その上で鞘を立てて

技の動きを
動画で
チェック！

Point01

鯉口の握り方

鞘を握る際、左手の親指と人差し指にて鯉口の断面を縁取るようまず握りをとる。さらにその上で親指と人差し指の間隔を狭め鯉口の穴をほとんどふさぐようにしていく。これにより、刀の峰が左手に安定してのることができる。

Point02

抜刀と納刀は表裏一体

剣先を鯉口へ運ぶ際の動きは、右腰を前に入れ、その後胸を左右に広げることで行っていく。これは刀の抜き出しにおける身体のさばき方と同一の動きである。このことを深くふまえつつ、抜刀、納刀ともに身体のさばきで行うが、この鍛錬を丁寧かつ正確に行うことこそが相手の身体を崩す新陰流居合道における土台となる。

3　刀身の先から3分の1あたりの峰を左手にあて

4　右腰を前に入れつつ鯉口をさげ、剣先を入れる

5　腰を戻しつつ両拳を近づけ刀を納める

Point03

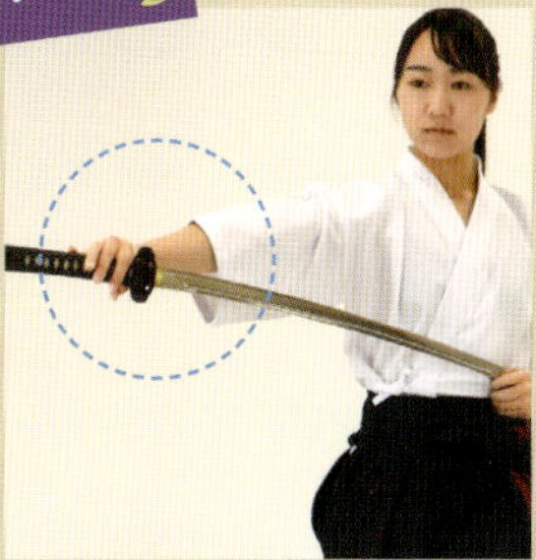

右手に対しての意識

身体のさばきで行う納刀の動作において、右手は必要以上に動かさないように心がける。腕が単独で動きすぎると身体が前に崩れてしまう他、身体の統一性が損なわれ、腰を中心にした全身のさばきはむしろ行われにくくなる。

Lesson
05

斬り下し

刀を斬り下ろす際には、相手の身体や太刀筋を崩す強力さが大切。そのためには無駄な力みはいれず、身体のさばきをしっかりと伝えつつきめていく必要があります。

技の動きを動画でチェック!

直《じき》の斬り下し
（まっすぐ）

腰はまっすぐ
左右足を腰幅にとる
1 中段に構えをとり

剣先が下がらない
胸と背中で腕ごと刀を引き上げる
2 頭上に振りかぶり

順《じゅん》の斬り下し
（両腕が平行の斜め斬り）

刀は 45 度の傾き
腰はまっすぐ
左右足を腰幅にとる
1 順の中段に構える

右手に適度のゆるみが入る
両肘は横に張りすぎない
2 右上に振りかぶる

逆《ぎゃく》の斬り下し
（両腕が重なる斜め斬り）

腰はまっすぐ
左右足を腰幅にとる
1 逆の中段に構える

左手に適度の緩みが入る
左肘は右肘より低い
2 左上に振りかぶる

Point01

刀の握り

通常、右拳を上（鍔近く）、左拳を下（柄頭近く）にして刀の柄をとる。その際、手に余計な力を入れない。また親指・人差し指ではなく小指中心で握る。さらに指の股（親指と人差し指の間のくぼんだ部分）は柄の峰側にあてている状態をとる。斬り下ろす際には、両拳を内側に絞り込む。腕力による振り回しや手首のスナップなどを使わないように注意する。このような握り方や振り方が斬り下しの「手の内」であり、身体のさばきを刀に伝えていく。

Point02

斬り下しの身体さばき

順の斜め斬りの場合、最も刀が伸びた時、太刀筋の角度と身体の開き角度が一致した状態でなくてはならない。すなわち、45度の斬りつけの場合、最も伸びた時（剣先から10センチほどにある刀の物打ちが自身の肩の高さに来た時）、へそが45度左に向く状態になるように右腰を前にいれる。これにより身体のさばきが伝わった斬りつけとして発揮することができる。逆の斬りつけにおいては、順の時以上に大きく腰を入れる必要がある。

4　斬り下しをおさめる

3　両拳を締めて斬り下ろし

4　斬り下しをおさめる

3　両拳を締めて斬り下ろし

4　斬り下しをおさめる

3　両拳を締めて斬り下ろし

Column02

SPORTEC × 居合道

日本最大級のスポーツ・健康産業展示会にて武道の魅力を発信

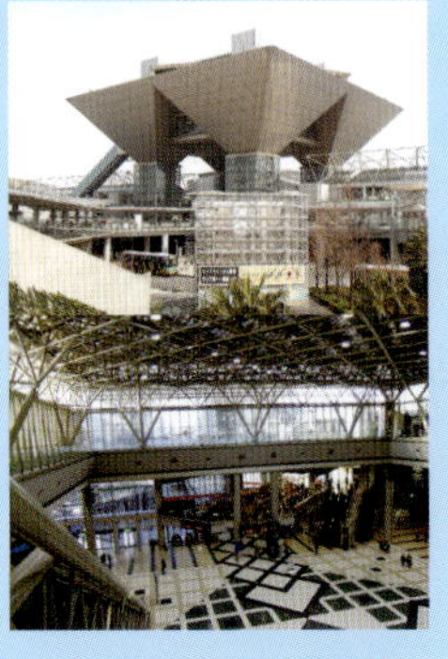

武道の演武というと古武道大会などで見ることもできますが、居合道をはじめとし、分かりやすい解説などが行われることは少なく、武道をまだ学んでいない方にはその魅力を理解されにくいというのが現状です。

一方、東京ビックサイトにて開かれている日本最大級のスポーツ・健康産業総合展示会「SPORTEC（スポルテック）」では、「武道マスターズ LIVE」と題したステージが開催され、毎年さまざまな武道や格闘技の演武が繰り広げられています。実演とともに、「なぜその技が強いのか」などの演武者による解説も行われるため、武道未経験の方にとっても楽しく、分かりやすい演武ステージとなっています。シュートボクシング RENA 選手をはじめとして国内有数の武道家・格闘家も登場するほか、少林寺拳法、K-1、極真空手、合気道、レスリング、テコンドー、柔道など豊富なラインナップも見所です。

その中、新陰流協会は 2014 年より 5 年連続でこのステージに出場し、楽しむことのできる内容として、メドレー形式で居合、剣術、素手技、真剣試し切りなどのサムライの技を披露。その迫力や技の習熟度に大きな反響をいただいています。

2020 年のオリンピックイヤーに向け日本の武道を世界に発信していくという志のもとに行われているということもあり、観客席には外国人の方も多く、皆さん一様に感嘆と感心の表情を浮かべている様子でした。

「分かる、学べる、楽しめる」演武が集結するこの武道マスターズ LIVE。日本が誇る武道文化を国内外にさらに広く伝えていく上で、ますます重要な催しとなっていくでしょう。

「SPORTEC」（2018.7.25 ～ 27）についての詳しい情報は、イベントHP（http://www.sports-st.com/）をご覧ください。

第3章
いよいよ実践　居合道2ヶ月プログラム！

新陰流居合道型のうち技としての基本を理解し身につけていく上で最適な８本を厳選。
それぞれの型を週がわりにて１本ずつ学んでいきましょう。

型稽古の注意点

新陰流居合道の型稽古に正しく取り組むため
以下のことをおさえておきましょう。

1週間で一つの型を学びます

この章では、1週ごとに課題となる新陰流居合道の型を選定し解説しています（2ヶ月＝8週間とし、計8本の型を紹介しています）。その中では、それぞれ手順（および注意点）、Point（その型を稽古する上で大切な点）、Lesson（他の型の稽古とも共通する学びの重要事項）を詳細に記しています。

技をきめる上での目標

新陰流居合道における「強さのワケ」の中に「自身の中心線と接点（刀が相手を斬りながら接した部分）を重ねてきめる」ということがあり、各型の稽古においてもそのことをふまえた上で技をきめていきます。その際、床のセンターライン（身体が正面向きで直立した時、両足の間の中間を通りつつ、正面に向けてまっすぐにのばしたライン）を意識します。すなわち、正面向きで直立したところから、右足前に踏み込んだ時、中心軸はセンターライン上かその右側（自身にとって）、左足前に踏み込んだ時、中心軸はセンターライン上かその左側に来ますが、その際、相手を打ちこむ刀と相手との接点は、必ず、その中心軸の前にくるようにきめていきます。

ゆっくりと静かな動きが大切

型稽古とは、けっして戦っている動きや行いではなく、技を学ぶ上での取り組みです。すなわち一つひとつの動きに関して正しく理解し身につけていくことが大切です。それゆえに無理に急ぐような動き（多くの場合、自分で自分の動きが把握・制御できない）ではなく、基本的にはゆっくり静かな動きを心掛けて取り組みます。また､型の動き（形や動き方）を自分なりにやりやすく変えてしまったりすることのないようにしましょう（そのようなことをしてしまっては、強さをはじめとする型稽古の成果を得ることはできません）。

手順の暗記が型の修得ではない

型稽古においては、「自分なりの動きを手順通りにこなしていく」ということにはならないよう注意が必要です。型稽古で大切なことは、技としての正しい動きを求め取り組んでいくことであり、手順の暗記はそのための入り口ですが、最重要事項ではありません。したがって手順に関しては、少しずつ覚えていくというくらいで十分であり、その上で覚えている手順の範囲において、姿勢や体さばきなどを丁寧かつ正確に行うように心掛けましょう。なお、稽古の前には必ず刀の目釘（柄の横側から各部分を止めるために入れてある杭）がしっかりと入っていることを確認しましょう。

○新陰流居合道型の流れ

新陰流居合道の型には正座の状態から始める座技（20本）と立っている状態から始める立技（17本）があります。型の動きや形などは多様ですが、いずれもイメージ上の相手に対して技を発揮していきます。さらに、その流れはおおよそ共通しており、以下のようになります。

1．最初の状態（正座もしくは直立した姿勢）
↓
2．刀に手をかける
↓
3．刀を鞘から抜き出していく（「抜き出し」）
↓
4．刀を鞘から抜き放ち技をきめる（「抜きつけ」）
↓
5．必要な場合は、さらに斬る動作を行う（「斬りつけ」）
↓
6．集中力を持続しつつ身構えをとる（「残心の身構え」）
↓
7．刀を鞘に納める（「納刀」）
↓
8．最初の状態に戻る

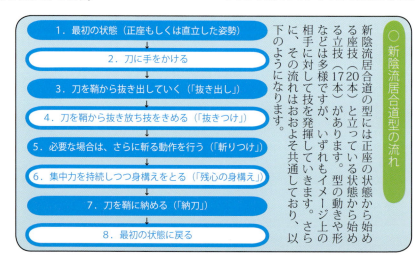

Weekly Trial

01

1 週目

有残《うざん》 Uzan

抜き放ちからの両手斬り

正面から刀に手をかけ迫ってくる相手に対して、右前の一重身（側面を向けた姿勢）となりつつ刀を抜き出し、さらに左前の一重身に姿勢を変化させつつ相手の右拳へ斬りつけて勝つ。

技の動きを
動画で
チェック！

Point この技はココに注意！

抜き出しは身体のさばきが大事

刀を抜き出す際においては、基本をふまえて右腕で引き抜くように行うのではなく、身体を右前にさばく動きを使い、その動作で刀を抜き出していく。また抜き出し時に腰を落とすことで、柄頭を上に向けた刀の角度をつくる

正面を見る
力みがない
腰まっすぐ
足先正面に向く
柄頭がのセンターライン上にくる
前に出す
右親指がセンターライン上
右小指締める
両拳締める
左親指がセンターライン上
後ろ足伸びる

1 刀に手をかけ

2 右足前に進めつつ抜き出し

3 左足を踏み込みながら刀を抜き放ち

4 左手も柄にかけ、左前一重身の体勢で斬りつける

another angle

Point この技はココに注意！

左手を柄にかける要領

左手のかけ
左腰の入れ

左手は腰のさばきで前に出し、下から上にあげつつかける（左手かけるところ上半身横から）。そして、本来、抜き出しから斬りつけにいたる動きは一つの流れとしてとまることがないようにきめていく。

Point この技はココに注意！

有残の斬りつけ

有残の斬りつけは、30度の太刀筋で刀に手をかけている相手の右手にきめる。その際、自身の中心軸はセンターライン上にあり、接点はその先の腰の高さにくるようにする。

中心軸
接点

刃は上に向く
腰下に
落とす
右拳は右斜
め前にある
右拳は上に
上げない
胸左右に広げる
約45度
右に開く
左腰を前に
入れていく

5 逆の下段の構え（残心）を示し

6 鯉口を左手でとり、鞘を立て、刀の峰を左手の人差し指に乗せ

7 そのまま右腰を前に入れつつ鯉口を下にさげ剣先を鞘に運び

8 両拳を近づけながら刀を鞘に納める

Point この技はココに注意！

有残における残心のとり方

逆の斬りつけからの残心は身体全体を後ろにひきつつ軽く手の内を締めて行う。またすべての型において残心は形だけでなく集中力がとぎれない状態で行っていく。

下にはずす
下にはずす
右足を右腰の
動きで運ぶ

9 右足を左足にそろえ

10 右手のみをはずし

11 元の位置に下がり

12 最後に左手をはずし、元の状態に戻る

Lesson
すべての技に通じる学びドコロ

01 相手を崩す抜き出し

身体のさばきで行う抜き出しにおいては、両手を押さえられた状態からでも相手を崩しながら抜き出しをできるようにする。

02 納刀後後ろへの下がり方

納刀後、後ろにさがる動きは、すり足が基本で、動かす足のかかとをわずかにあげて足の付け根を押すようにして引く。

✔**マイチェック**　抜き出しを前にのめらずに行っていたか

Weekly Trial 02

2週目

打止《うちどめ》 Uchidome

下から斬り上がる抜きつけ

正面から刀を抜き迫ってくる相手に対して、右前の一重身（側面を向けた姿勢）となりつつ刀を抜き出し、さらに左前の一重身に姿勢を変化させつつ刃を上に向けた抜きつけを行う。その上で右上からの斜め斬りで相手の拳へ斬りつけて勝つ。

技の動きを動画でチェック！

Point この技はココに注意！

抜きつけの時の起し

抜き出しにおいては事前に両足の付け根を曲げ、幾分、身体を前傾させる体勢となるが、この時に姿勢が前にのめらないようにする。また抜きつけの瞬間は、前傾させた身体をしっかりと起こす動きにより刀を上に導く。

正面を見る
力みがない
下から手あがる
腰まっすぐ
足先正面に向く
1 刀に手をかけ
鞘ごと左に向ける
両膝をよせる
2 刃を左に向ける
身体を前に傾けた体勢
柄頭がセンターラインにくる
腰は曲がらない
足先はまっすぐ出す
3 右足前に進めつつ抜き出し
右小指締める
左手柄頭にそえる
前傾した身体をしっかりと起こす
左膝内側に入る
4 左足を踏み込みながら刀を抜き放ち

Point この技はココに注意！

抜きつけは相手の中心にきめる

斬りつけてこようとする相手の中心（顔面）に剣先を突きつける形で下からの抜きつけをきめるが、この時、その剣先を相手との接点としてふまえ、その後ろに中心軸が存在するようにする。剣先、自身の中心軸がともにセンターライン上にくるようにきめる。

中心軸
接点

Point この技はココに注意！

斬りつけは拳を斬る

右足を踏み込みながらの順の斬りつけでは、斬りつけてこようとする相手の拳をとらえる。この時、刀（剣先から10センチほどの物打ちという部分）と相手との接点は自身の肩の高さにあり、その後ろに中心軸が存在するようにする。さらにこの時の接点および中心軸はセンターラインの右側（自身から見て）にあるようにきめる。

接点
中心軸

左手の小指をしめる
左足の親指付け根を軸にし、足先を左向き

5 右腰を前に入れつつ剣先を右上に上げ

両拳の締めが利いている
太刀筋は45度
後ろ足伸びる
右膝は内側に入らない

6 右足を前に踏み込みながら順で斬りつける

30度右に開いた体勢
腰を下に落としている

7 逆の下段による構え（残心）を示す

another angle

※以下､｢納刀｣→｢足をそろえる（右手のみをはずす）｣→｢元の位置へ戻る（その上で左手を刀からはずす）｣という手順にて型を終える。

Point この技はココに注意！

栗形をさぐりつつ鯉口をとる

打止では抜き出しにおいて刃を横に返した関係で鞘の向きがひっくり返っていることもあるので、正面に目付けをしたまま行う納刀の際には、左手で栗形（下緒を通している部分）をさぐりつつ鯉口をとるようにする（ひっくり返っている場合は、栗形が表面にはないので鞘の向きを戻しつつ鯉口をとるようにする）。

Lesson
すべての技に通じる学びドコロ

01 振りかぶり動作の注意

振りかぶりは、腕で刀を上に持ち上げるような動きで行うと、腕に不必要な力みや崩れが入ってしまう。よって胸を使って腕ごと刀を上に上げる要領にて行う。

02 斬りつけと踏み込みのタイミング

斬りつけと踏み込みは同時に行うことが大切である。右足を踏み込みながらの順の斬りつけの場合、中心軸を前に移動する動きと右腰を入れる動きで右足は前に運ばれていく。その中における右腰の入れは同時に振りかぶった刀を斬りつけとして前に運ぶ上でも役割を果たす。そのような動きにより全身の動きが反映した強力な太刀筋が発揮される。

03 斬りつけは腕だけで振らない

順の斬りつけを腕力（特に右腕）による振り回しで行ってしまうと、右肩が前にさがり身体が崩れた状態（さらに左脇が大きくあいてしまう）になることが多いので、そのようにならないように注意深く行う。

✔マイチェック　斬りつけで右肩が極端にさがった形になっていないか

Weekly Trial 03

3週目

下藤 Sagarihuji

さがりふじ

頭上からの片手斬りによる抜きつけ

正面から刀を抜き迫ってくる相手に対して、刀を上に抜き出し迎えをとる。相手が打ち込んできたところに左前の一重身に姿勢を変化させつつ抜きつけ相手の太刀を斬り崩す。さらに担ぐような振りかぶりから相手の拳へ斬りつけて勝つ。

技の動きを
動画で
チェック！

Point この技はココに注意！

抜きつけ時の体さばき

左足の踏み込みは親指がセンターライン上に来るようにし、その上で左右の足は直角の状態となる（腰の落としを十分に行うことができる）。腰のさばきは左腰を入れつつ大きく下に落とし、その動きを刀に伝え相手の太刀筋を崩す。

正面を見る
力みがない
下から手あがる
腰まっすぐ
足先正面に向く
柄頭を真上にあげる
両膝をよせる
足はそろえたまま
右小指締める
右拳は口の高さ
左手は鯉口握ったまま
腰を下に落とす
両膝まがる
足先 15 度内側に向く

1 刀に手をかけ

2 上に抜き出す

3 左足を踏み込みながら抜きつける

Point この技はココに注意！

15 度の太刀筋の抜きつけ

抜きつけは、15 度の太刀筋で斬りつける動きを持って行うが、稽古では拳が口の高さに来た時点で止め（この時、相手の刀と自身の刀との接点の後方に自身の中心軸がくるようにする）、相手を左前に見る形になる。

Point　この技はココに注意！

担ぐような振りかぶりからの斬りつけ

振りかぶりの状態から左腰の引きにより柄や拳が胸の前に来るように導き、身体全体（中心軸）を後ろにひきつつ両拳を締め刃筋の通った斬りをきめる。これらの動きを腕によらずに行う。

another angle

左手を柄
にそえる
刀は床と
ほぼ平行
太刀筋は
45 度
相手は
30 度左
左腰をひく
右足を左足の
横におくる
剣先は右上
を向く
左足をのばす
右膝内側に
いれない
腰を下に落と
している
右足を
引く

4 右腰を入れつつ担ぐような振りかぶりをみせ

5 胸の前に刀をとり

6 斬りつけをきめる

7 逆の下段による構え（残心）を示す

※以下､｢納刀｣→｢足をそろえる（右手のみをはずす)｣→｢元の位置へ戻る（その上で左手を刀からはずす)｣という手順にて型を終える。

Point　この技はココに注意！

斬りつけは相手の拳にきめる

接点
中心軸

45 度の順の斬りつけでは、斬りつけてくる相手の拳をとらえる。この時、自身の右膝が内側に入ることがないようにしつつ、刀と相手との接点が自身の右足の前にくるようにし、その後ろに中心軸が存在するようにする。

Lesson
すべての技に通じる学びドコロ

01 振りかぶり中の踏み込み動作の注意点

振りかぶりながらの足の踏み込み動作（足をそろえる）は、腰を入れる動きと中心軸を前に出す動きで行う。そのようにしないと腰が上に舞い上がり崩れてしまう他、動かさない方の足に体重が乗りすぎ重心の偏りが起こる（重心の偏りも姿勢の崩れとなってしまう）。

02 相手を崩す斬りつけのさばき

新陰流居合道では、あらゆる動作（体さばき）が相手を崩す動きとして成り立つ。下藤の抜きつけ後の振りかぶり時において押さえを受けてもその後の斬りつけの腰のさばきは押さえた相手を崩していく。

03 納刀後半も腰と胸の動きで行う

納刀で剣先を鯉口まで運んだ後は、左腰を前に出しながら左右に開いた胸を戻す。それにより左右の拳を接近させつつ刀を鞘に完全に納めていく。

✔マイチェック　斬りつけで手元だけ前に突き出し腰が崩れていないか

Weekly Trial 04

4 週目

折枯 Sekko せっこ

柄を握ってきた相手を崩す

こちらの刀の柄に手をかけた相手に対して、柄頭を下にさげ相手の手首を折るような形で体さばきをきめ、相手の身体を崩しつつ手を振り払う。その上で自身の刀に手をかけた相手に向けて、左前の一重身に姿勢をとりつつ踏み込みながら横一文字の抜きつけを行う。

技の動きを動画でチェック！

Point この技はココに注意！

手を振り払う崩しは腰の落とし中心で行う

柄頭は腕の力や動きで押さえつけるように落とすのではなく、腰を真下に落とす動きにのせて行う。そのようにしなければ、身体は大きく前に崩れてしまうので注意。

正面を見る
力みがない
腰まっすぐ
足先正面に向く

1 直立した姿勢から

手は下からあがる
人差し指も鍔にかける
another angle
右腰少し入れる
刃左に向く
腰落とす
足先正面向く

2 刀に手をかけ

3 左足を踏み込みつつ柄頭を下にさげて手を振り払う

Point この技はココに注意！

相手の腰を崩すことが目的

手を振り払う際、相手が柄を握っている所を相手との接点とし、その後ろに自身の中心軸が来るようにしつつ体のさばきを行う。それにより相手は手首を折られ握力が入りづらくなるだけでなく、腰を下に崩されていき、柄を握ることもできなくなる。

Point この技はココに注意！

抜きつけ時の踏み込み

踏み込みにおいては腰が上にあがってしまうことや上半身が前にのめることがないようにしつつ、抜き出し時に引いた左腰を前に入れつつ、中心軸を前進させる動きで一歩前に出る。

柄頭はセンターライン上
胸を左右に広げる
腰は曲げない
右腰入れる
小指締める
刀横一文字の太刀筋
左手鞘を握ったまま
左腰を前に大きく入れる
膝内側に入る
45 度右に開いた体勢
腰を下に落とす
手のひらと親指でしっかりはさむ

4 刀を抜き出す

5 左足を踏み込みながら刀を抜き放つ

6 中取りの構え（残心）を示す

※以下､「納刀」→「足をそろえる（右手のみをはずす）」→「元の位置へ戻る（その上で左手を刀からはずす）」という手順にて型を終える。

Point この技はココに注意！

刀に手をかけた相手の右手にきめる

接点
中心軸

刀に手をかけた相手の右手に横一文字の抜きつけをきめるが、この時、相手の右手と抜きつけの刀（物打ち）による接点と自身の中心軸がともにセンターライン上にくるようにきめ、相手の身体を崩す。

Lesson すべての技に通じる学びドコロ

01 腰足がふぞろい時の注意

折枯の抜き出し時のような、左足前に対しての右腰前というような足と腰が左右ふぞろいな時の体さばきにおいては、腰のさばきは特に直線で入れることをふまえ、それにより腰をひねる形にならないように注意深く行う。

02 手先だけの抜きつけは禁物

抜きつけで刀（剣先）を前に放つ際、必ず左腰の入れで行うことで剣先は前方に到達するように行う。すなわち小指の締めのみで刀が出てしまうような手先だけの抜きつけにしない。

03 踏み込みと斬りつけの一致

足を踏み込みながら抜きつけや斬りつけなどの技をきめる際、刀が相手をとらえ、それにより刀と相手との接点ができる瞬間と踏み込んだ前足がとまる（着地する）瞬間は常に同じでなくてはならない。それにより踏み込みの体さばきが伝わった（全身による強力さをそなえた）太刀筋が発揮される。

✔ **マイチェック**　斬りつけと足の着地が同時にきまったか

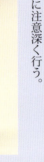

Weekly Trial 05

5週目

柄当《つかあて》 Tukaate

当て身から引きながら抜きつけ

刀に手をかけて迫ってくる間近の相手に対して、右足を踏み込みつつ柄頭で相手の腹部に当身を加え、さらにそこから鞘および身体を後ろへ引きながら相手の拳へ片手の抜きつけをきめる

技の動きを動画でチェック！

Point この技はココに注意！

踏み込み前の腰の落とし

柄頭で当身をするための左足の踏み込みを行う際には、まずはいったん腰を落とす動きを行い、その中で左腰の入れと中心軸の前方への移動を発揮して踏み込みをきめる。そのようにすることで腰中心の全身によるさばきが可能になる。

正面を見る
力みがない
腰まっすぐ
足先正面に向く
下から手あがる
肘あまり伸びない
鞘ごと出す
右膝内側に入る

1 直立した姿勢から

2 刀に手をかけ

3 柄頭で相手の腹部をつく

another angle

Point この技はココに注意！

当身は手先で行わない

相手の腹部へ柄頭を到達させる動きは、手元や腕による突き出しで行うのではなく（そのようにするととたんに身体が前に崩れてしまう）、身体全体による踏み込みにより行う。それにより身体全体の動きが伝わった強力な当身が発揮される。この時も柄頭と相手の腹部による接点の後ろには自身の中心軸が存在するようにしていく。

接点
中心軸

Point この技はココに注意！

柄頭を伸ばさず抜き出す

当身をした上での抜き出しでは柄頭は相手の腹部がいわば壁となっているので、それ以上前に出すことはできない。そのような中で左腰の引き、次いで身体全体の後方への引きをを十分に行い抜刀を可能にしていく。

左腰大きく引く
鞘引く
15度以上右に開く
小指締める
左腰を前に入れる
15度の太刀筋
後ろ足伸びる
膝内側に入る
左足正面向く
腰を下に落とす
後ろ足まげる
かかとあげない

4 刀を抜き出し

5 身体を後ろにさばきながら抜きつける

6 逆の下段による構え（残心）を示す

※以下、「納刀」→「足をそろえる（右手のみをはずす）」→「元の位置へ戻る（その上で左手を刀からはずす）」という手順にて型を終える。

Point この技はココに注意！

斬りつけは相手の拳にきめる

抜きつけとしての片手による斬りつけを腕や手首の動きで行ってしまうと刃筋は通らない。身体を後方へさばくやいなや左腰を前に入れる動きと右手の小指の締めを同じタイミングできめていく。この時の太刀筋は15度で刀に手をかけた相手の右拳をとらえる。その際の接点と自身の中心軸はともにセンターライン上にある。

接点
中心軸

Lesson すべての技に通じる学びドコロ

01 前進や後退の動作では床を蹴らない

前進や後退は、中心軸の平行移動で行うことが重要である。その際、踏み込む方と反対の足で床を強く踏まないように心がけ、いわば「薄氷の上にある状態でそれを割らないように動く」要領にて腰で身体を移動させていくことが求められる。そのような心がけにより腰中心の動きが導かれ、その腰がブレることもなく前進や後退ができる。

02 片手斬りつけを行う時の手の内

片手の斬りつけにおける手の内では、小指の締めをきかせつつ、拳を内側に入れる（親指の先が向いている方向へ拳を締める）ことが必要になってくる。手首のスナップなどを用いて片手斬りをしようとすると、刃筋が通らないだけでなく、手首を傷めてしまったりする可能性もあるので、そのように行わないことが大切である。

03 右足前で左を腰入れた時の後ろ足

柄当の斬りつけの時のように「右足前の左腰入れ」という足と腰がふぞろいな状態にての技のきめにおいては、後ろ足先が基本的には正面を向く形（場合によってはさらに前足方向へ向ける）で行うことが必要になる。そのような足のとり方となることで十分に腰は入っていく。

✔マイチェック　柄当ての時、腰が上に浮いた状態になっていないか

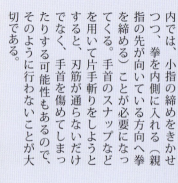

Weekly Trial 06

6 週目

順抜 Jyunnuki

じゅんぬき

踏込みつつの横一文字の抜きつけ

正面から刀を抜き迫ってくる相手に対して、正座の体勢より右前の一重身となりつつ刀を抜き出し、さらに左前の一重身に姿勢を変化させつつ上体をあげながら横一文字の抜きつけを行う。その上で真っ向からの斬りつけを相手の拳（柄中）へきめて勝つ。

技の動きを動画でチェック！

Point この技はココに注意！

抜きつけは相手の中心にきめる

接点
中心軸

斬りつけてこようとする相手の中心（胸）に剣先を突きつける形で横一文字の抜きつけをきめる。その剣先を相手との接点とし、その後ろに中心軸が存在するようにする。この時、剣先、自身の中心軸がともにセンターライン上にくるようにきめる。

正面を見る
力みがない
手は下からあがる
腰まっすぐ
右肩下げない
柄頭がセンターライン上で胸の高さ
左右に胸を広げる
腰を上にあげていく
両膝をよせる
つま先をたてる
刀横一文字の太刀筋
小指を締める
左手柄頭にそえる
左腰前に入れる
膝内側に入る
後ろ足のびる

1 正座の状態から刀に手をかけ

2 柄頭を正面に向けて抜き出し

3 上体をあげつつ左足を踏み込み抜きつける

another angle

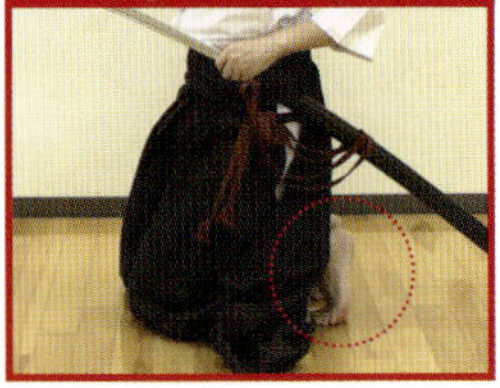

Point この技はココに注意！

小指の締めの役割

抜きつけにおいて小指の締めは重要であるが、その役割は、「剣先を鯉口から出す」「刃の向きを変える」「刃筋を保つ」であり、剣先を正面まで運ぶ役割の大半は左腰の入れによってなされる。

Point この技はココに注意！

斬りつけは相手の拳にきめる

接点
中心軸

真っ向からの斬りつけでは、自身の中心軸をそのまま前に持ってきて、その中心軸を縦に割っていく意識にて行う。そしてその動きが斬りつけてこようとする相手の拳（柄中）をとらえる。この時、刀と相手との接点、そして中心軸はセンターラインの上にある。手の内は、左手の締めがより重要であるが、左手の締めは刀の移動、右手の締めは刃筋の整えと保持という意識にてそれぞれ行う。

剣先を左に
流さず上げる
左手の小指
で握る
右腰
入れる
両拳締める
後ろ足
伸ばす
右足は左足
の半歩前
右膝内側
に入る
左膝つける
45 度右
に開く
右膝つける
左膝たてる

4 頭上に振りかぶり

5 左足を後ろに引きながら真っ向より斬りつける

6 そのまま腰を落とし

7 大きく振りかぶりながら足を踏み換える

Point この技はココに注意！

足の踏み換えの注意

振りかぶりつつ足を踏み換える残心の動きを足の動きで行ってしまうと身体は重心を左右ふらつかせてしまう。そこを腰のさばきで行うことでそのようなふらつきや身体の崩れがないようにしていく。

30度右に開いた体勢
刃は上に向く
右拳は右斜め前にある
胸左右に開く
右拳は上に上げすぎない
胸広げた状態から戻す
左腰入れていく
右手納刀を終えたらはずす

8 刀を重さで降ろして残心の構え

9 鯉口を左手でとり峰を左手に乗せ

10 剣先を鯉口に運び

11 刀を鞘に納めて立ち上がる

Lesson
すべての技に通じる学びドコロ

01 抜き出し時に腰を前に出しすぎない

座技の抜き出しでは、必要以上に腰が前や上に移動しすぎないようにする。一つの目安として腰が膝の位置よりも後ろにあるようにしていく。座技の順抜などにおいては、抜きつけの瞬間において腰（中心軸）を前（膝の上）に出す動きで上体をあげ、さらに足を踏み込ませていく。したがって抜き出しの段階ですでに中心軸が膝の上に来てしまっている状態となっていては、そのような体さばきはできない。

02 相手を崩す抜きつけのさばき

抜き出した体勢に腕の押さえをされた状態となっても、腕力によらず、腰のさばきを中心にした動きとしての抜きつけを行えば、押さえている相手の身体（腰）を崩すことができる（このような崩しは自身より体格も大きく腕力も優れている相手であっても関係なく発揮することができる）。

✔マイチェック　足の踏みかえでふらついていないか

Weekly Trial 07

7週目

引身 Hikimi

ひきみ

正座からの斬り上がる抜きつけ

正面から刀を抜き迫ってくる相手に対して、正座より前傾をとりつつ刀を抜き出し、さらに左前の一重身に体勢を変化させつつ身体を引き、下からの斬り上げの抜きつけを行う。その上で右上からの順の斬りつけを相手の拳（柄中）へきめて勝つ。

技の動きを
動画で
チェック！

Point この技はココに注意！

前傾した姿勢からの抜き出し

抜き出し動作の最初にまず腿の付け根を曲げ身体を前傾させた状態とし、その上で腰が曲がったり、ひねった形にならないように注意しつつ、右腰を入れて刀を抜き出すが、この時右膝は右後方へと引いていく。この引きの動きは右腿の付け根（後ろ側）の動きで引くようにしていく。

正面を見る
力みがない
腰まっすぐ
下から手あがる
正面を見る
腿の付け根を曲げる
つま先をたてる
左右に胸を広げる
刃は横に向ける
右膝を右後方へ引く
真上に斬上げる太刀筋
小指を締める
身体全体を右後ろに引く
右腰右後方へ引く
左膝立てる
左足先30度左向く

1 正座の状態から刀に手をかけ

2 身体を前に傾け

3 柄頭を正面に向けて抜き出し

4 上体を起こしつつ左腰を入れ抜きつける

Point この技はココに注意！

抜きつけは剣先を相手から外さず斬り上げる

斬りつけてこようとする相手の身幅から剣先を外さない形で下からの抜きつけをきめる。刀と相手との接点が中心軸と一直線上に存在するようにするが、その一直線上の中に左膝もあるようにきめる。

接点
中心軸

Point この技はココに注意！

撥草《はっそう》にとる要領

抜きつけの直後に、刀を肩上にとる状態（撥草）になるが、その際、右腰を入れる動きにより身体は15度左に開き、刀が15度太刀筋となって右肩上に導かれる。さらにこの時、右のかかとが右膝の真後ろに来るようになることも確認する。

another angle

剣先15度
右に傾いていく
15度左
に開く
かかとが右
膝の真後ろ
腰を可能な限り
あげずに行う
45度以上
左に開く
両拳締める
右膝内側に
入らない
30度右
に開く
右膝内側
に入る

5 右腰を前に入れていき

6 撥草にとる

7 足を踏み換えながら順で斬りつける

8 大きく振りかぶった上で刀を重さでおろし、残心の構え

※以下、「納刀」→「右手のみをはずす」→「右足から立ち上がる」→「元の位置へ戻る（その上で左手を刀からはずす）」という手順にて型を終える。

Point この技はココに注意！

斬りつけは相手の拳にきめる

接点
中心軸

右足を踏み込みながらの順の斬りつけでは、斬りつけてこようとする相手の拳（柄中）をとらえる。この時、刀と相手との接点は自身の肩の高さであり、踏み込んだ右膝の前にあるようにする。

Lesson
すべての技に通じる学びドコロ

01 斬り上げの抜きつけの心得

前傾させた体勢から身体を起こし上体を直立させた姿勢に戻す動きを通じて刀を下から上に斬り上げる動きとして導いていく。腕による持ち上げにならないようにしなくてはならない。

02 足を踏み換えながらの斬りつけを行う心得

足を踏み換える体さばきをしながらの斬りつけでは、その際の腰の入れを斬りつけに有効にいかしていくことが大切である。だが、ともすれば勢いづけた上での腕による叩きつけるような斬りつけになりがち（そのような場合は身体がおおいに崩れてしまう）なので要注意。

03 納刀後立ち上がりの要領

納刀の後、立ち上がる動きは、足で床を強くふむような動きは行わないように注意しつつ、腰を上に上昇させるということを意識して行う。そのようにしないと身体はあらゆる方向へ崩れてしまうことになる。また立ち上がりにおいては、膝で柄を蹴らない上で必ず右の膝から立てることが鉄則となる（その反対に、直立した状態から座る際は、左の膝からつけるようにする）。

✔マイチェック　斬り付けに勢いが入り姿勢が崩れていないか

8週目

開抜 Hirakinuki ひらきぬき

Weekly Trial 08

体勢を低くとりつつの抜きつけ

正面から刀を抜き出し迫ってくる相手に対して、正座の体勢より刀を抜き出し、さらに身体を左に開きつつ体勢を低くさばき横一文字の抜きつけを行い剣先を相手の前足につきつける。その上で真っ向からの斬りつけを相手の拳（柄中）へきめて勝つ。

技の動きを動画でチェック！

Point この技はココに注意！

抜きつけ時の体さばき

抜きつけの瞬間に左足の付け根（前側）を折り、さらに身体を大きく左に開くさばきを行うことで体勢の低い横一文字の抜きつけをきめていく。この時、抜きつけをきめた形として、左でん部が左かかとの右下に来るようにする。この時に腰が曲がってしまうなどの体の崩れがないようにする他、右腕で刀を横になぐような動きも行わないようにする。

正面を見る
力みが
ない
腰まっすぐ
手は下から
あがる
柄頭が胸
の高さ
左右に胸
を広げる
腰を上に
あげていく
つま先を
たてる
両膝を
よせる
体勢低い
腰曲が
らない
小指を
締める
左でん部が
左かかとより低い
横一文字
太刀筋

1 正座の状態から刀に手をかけ

2 柄頭を正面に向けて抜き出し

3 身体を左に大きく開きつつ右足を踏み込み抜きつける

another angle

Point この技はココに注意！

特殊な抜きつけ

開抜における抜きつけは剣先を相手の前足（右脚）に突きつけるものの、実は、この時は接点（剣先）と中心軸は相手から見て一直線上にある状態ではない。それゆえ相手を崩す技のきめとしては十分な状態ではない（ここはあくまでも相手の動きをさらに導く動作となる）。したがって本格的な崩しはその後の斬りつけによって行っていく。

Point この技はココに注意！

剣先の流れ

振りかぶりでは前に踏み込んでいる右足のかかとの横に左腰の入れにより左の膝をすすめ、加えて、あたかも柄の下に体を運ぶような意識で体さばきを行う。またその中における刀のさばきは、右手の締めにより剣先を後ろに流す動きを行いつつ頭上にあげていく。

左手の小指で握る
上体は直立に戻る
両拳締める
右膝内側に入る
30度右に開く

4 左膝を右足に引きつけつつ頭上に振りかぶり

5 右足を踏みこみながら真っ向より斬りつける

6 大きく振りかぶった上で刀を重さでおろし、残心の構え

※以下、「納刀」→「右手のみをはずす」→「右足から立ち上がる」→「元の位置へ戻る（その上で左手を刀からはずす）」という手順で型を終える。

Point この技はココに注意！

斬りつけは相手の拳にきめる

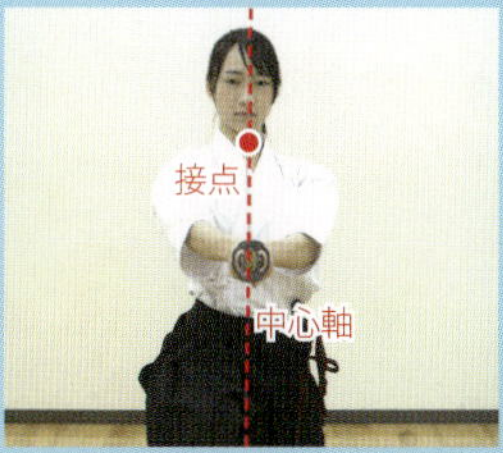
接点
中心軸

右足を踏み込みながらの真っ向の斬りつけでは、順で斬りつけてこようとする相手の拳（柄中）をとらえる。この時、刀と相手との接点ならびに自身の中心軸はセンターライン上にすべて存在するようにする。

Lesson
すべての技に通じる学びドコロ

01 前傾状態からの体勢の戻し

身体を前傾させるなどでいったん低くとった状態からもとの直立した状態に戻す際には、上半身で起きる動き（腰や胸をそる形）などで勢いづける動きを行いがちであるが、そのようにしてしまうと身体は大きく崩れてしまう。前傾していても曲がってはいない腰をゆっくりと静かに直立した状態に起こす動きを行うようにすれば、身体は崩れることなく戻る上、無駄なくスムーズな動きとなる。

02 踏み込みながらの斬りつけ

足を踏み込みながらの斬りつけを行う時、踏み込み動作を足だけの動きとして行ってしまうと身体は崩れ、太刀筋も正確なものとはならない。腰の入れならびに中心軸を前に平行移動させる動作により足の踏みこみを行う。すると身体は崩れず太刀筋も正確なものとして発揮される。

03 抜きつけや斬りつけのおさまり

抜きつけや斬り下ろしでは、放った刀がぴたりと止まる形で技をきめることを目指して行う。力みや崩れのない身体や太刀筋は「動き」と「静止」において十分なメリハリが出てくる。腕力により振り回したり、勢いづけたりするような動きでは、身体をすぐさま崩す他、刀の動きも雑な太刀筋となってしまい、そのような刀の動きではしっかりとした静止は到底不可能となってしまう。

✔ **マイチェック**　動く時止まる時のメリハリがしっかりとできているか

居合道からのさらなる応用

剣術（対人稽古法）で強さを伸ばしてみよう

新陰流には、居合道のみでなく対人稽古である剣術も存在します。
そして居合道を学ぶことはそのまま剣術の土台として生かしていくことができます。
居合道を学んだ上で相手が存在する剣術の稽古にも取り組むことは、新陰流の強さのしくみとして大切な3つのポイントをさらに深く実感していく上で有効です。
そこで剣術の代表的な型「一刀両段《いっとうりょうだん》」を通じて新陰流の強さをあらためて具体的にみていきましょう。

ここでおさらい　新陰流の強さを構成するポイント 123

ポイント 1「中心軸の活用」

ポイント 2「全身を生かした体さばき」

ポイント 3「相手に随い、内側から崩す」

「一刀両段」の中でも、以下のように3つポイントが発揮されていきます

01

刀を後ろに引いた構えで待つ状態から

ポイント 2 の発揮
右腰を前に出す要領で全身によるさばきを行い、その動きで刀を前に向けて斬り下ろす。全身のさばきが反映している打ち込みとなる

02

肩を斬ってきた中、わずかに遅れて出る

03

刀を引き上げて15度の順の太刀筋にて相手の太刀の上から乗り崩しをきめる

ポイント 3 の発揮
相手よりも遅れて出た自身の太刀は相手の太刀の上に乗り、そのまま相手の太刀先を外側へ追い出すような内側からの崩しの斬りになる

ポイント 1 の発揮
中心軸は左足親指の右際あたりにとり、その前方に太刀先と相手との接点がくるようにきめる。中心軸に裏打ちされた強力な一撃となる

次章では、新陰流居合道の応用として他の剣術型3本ならびに素手技である柔術を解説。

Column03

アニメーション×居合道

テレビアニメ『ケイオスドラゴン赤竜戦役』『時間の支配者』などの作品で監督をつとめた松根マサトさん。松根さんは、ご自身の作品において居合道などの武道の所作や技の動きを取り入れ、シーンにさらなる魅力や深さをもたらしています。その松根さんにアニメ作品において武道がはたす役割や意義についてうかがいました。

―どのような経緯で作品に武道を取り入れようとしたのですか？

「作品はいわば『虚』の世界であり、エンターテインメントとしての面白さを最優先させたフィクションの世界ですが、登場人物の所作などの細部においてはリアルをふまえた『実』の部分が重要であり、だからこその説得力が出てきます。そこで、監督を務めたうち２つのアニメ作品において、新陰流協会の小山将生先生に剣術監修をお願いしました」

―新陰流協会にて 10 年近く武道を学ばれているそうですが、その松根さんからご覧になって、新陰流とはどのような特長を持つのでしょうか。

「新陰流の所作や動きというものは、一見、複雑に見えることもありますが、実は無駄がなく理に適い、その上での機能美が存在するものだと感じました。そのような『実』にもとづいた美しさがあると言えます」

―刀や剣技が登場するアニメ作品の一つ『武装少女マキャヴェリズム』でも松根さんはオープニング監督をつとめておられますね。

「はい。示現流、鹿島直伝直心影流、警視流、タイ捨流、そして西洋剣術など、登場する５つの剣の流派に関して、実際の特長をモチーフにして表現しようと試みました。例えば、新陰流の系統でもあるタイ捨流においては、身体のさばきがより激しいと感じたことから、身体の移動では縦の動きを強調しました。原作者の方も剣術を学ばれていたことから、お互いに意見交換がスムーズにできた上に、原作者の方にも満足していただけるオープニングができました」

―このような作品が登場すると武道に興味を持つ方も増えるかもしれませんね。

「そうですね。新陰流をはじめとする武道の所作や技には、面白さや美しさだけではなく、人間としての精神を反映している魅力もあるといえます。例えば武道における立ち居振る舞いは、自身の隙や崩れを出さない姿ですが、同時に相手に対して冷静な心で向き合う姿でもあり、それは、相手に対し穏やかな心で接する思いやりにもつながるものだと思います。そのような深い実を備えた武道は、自身の人生にもいかしていきたい『何か』を感じさせるものにもなりえるのではないかと思います」

第4章

さらなる強さを目指し、剣術・柔術にチャレンジ！

新陰流居合道の稽古によって身につけた動きや体は、
さまざまな身を守る技に応用変化していくことのできる最高の土台となっていきます。
実際に相手のいる稽古である剣術や柔術（素手技）においてその成果を発揮してみましょう。

challenge
剣術
001
斬釘截鉄《ざんていせつてつ》
Zanteisethutethu

大きくはらってくる
相手の側面に回り
打ち込みをきめる！

技の動きを
動画で
チェック！

1 撥草にとる相手に対して、直の上段（拳が胸の高さ）の構え。そのまま歩みを進める

2 相手が右足を踏み込みながら刀を横にはらってくる

CHECK!!

受け流しの形と打ち込みのルート

受け流した時、刀と左前腕はともに45度の傾斜となるようにとる。またその際、左拳は額のやや上に位置している。またこの時の左前への踏み込みは左腰を大きく入れることで相手の側面にまわることができ、相手を半ば背後からおさえる有利な状態になる。
打ち込みは45度の太刀筋にて相手の首筋をとおり腕全体をを押さえるように打つ。このような打ち込みに対して相手は動くことができない。

相手から見たら接点、自身の中心軸が一直線上（踏み込んだ左足の後ろ）
両拳締める
45度の太刀筋
右腰引く
後ろ足伸びる

4 逆の太刀筋で相手の右腕を打つ

左手の締めで剣先落とす
左腰を左前方に入れる
相手の右側に大きく回りこむ（相手を側面からおさえる形になる）

◀◀3 受け流しつつ左足を踏みこむ

challenge
剣術
002
逆風《ぎゃくふう》
Gyakuhuu

左腰の入れにより かわしと打ち込みを 同時に行う！

技の動きを
動画で
チェック！

1 中段のかまえをとる相手に対して、撥草の構え

2 右足を前に踏み込み大きく斬りかける。さらにそこから太刀筋を逆（腕が重なる形）に変化させ、車の構えになる

CHECK!!

さばきによる斬り上げの効果

構えた状態から、左腰を大きく入れることで足の踏み換え（左右の足の位置の交換）が起こる。このことにより右肩への打ち込みをかわす動きと、刀を相手に向けて斬りつける動きが同時に発揮されていく。

相手から見たら剣先、
自身の中心軸が一直線上
（踏み込んだ左足の後ろ）
右腰引く
両拳締める
後ろ足伸びる
下から相手の柄中
もしくは右腕を打つ
左肘曲がり
過ぎない

4 左腰を入れ踏みこみ、その中で剣先を相手ののど下へつける

相手の動きをよく見る

3 相手がこちらの右肩へ斬りつけてくる

challenge
剣術
003
睫径《しょうけい》
Syoukei

頭上に迫る相手の打ち込み腕力を使わずに崩す！

技の動きを
動画で
チェック！

1 撥草にとる相手に対して、右手で中取りした構え、そのまま歩みを進め間合いをつめる

2 相手が頭上に打ち込んでくるところを下から受ける

CHECK!!

受けた形からの崩しをきめる際の心得

腕を左側に回す動きではなく身体のさばきと手の締めで相手を崩す。下方向へ腕力を入れる相手に対してその側面からさばきによる崩しを入れる形になり、強力な相手であっても倒すことができる。崩しをきめた時、相手からの逆転を防ぐ上で左拳は左膝よりも左に位置する。

相手から見たら接点、自身の中心軸が一直線上（踏み込んだ左足の後ろ）
右手内側に締める
15 度の太刀筋
後ろ足伸びる
左足前に踏み込む

4　相手の刀を左下に巻き落とし上から乗り勝つ

左腰入れる

3　腰を落とし相手の力を下へ集めつつ左手の小指の締めと右手の斬り下しの締めを行い

challenge
柔術
001
付け入身《つけいりみ》
Thukeirimi

ナイフで襲ってきた相手の体を腰を入れた手刀一撃にて崩す！

技の動きを動画でチェック！

相手の手元と身体全体の動きをよく見る
じわりと腰を落とし始める

1 ナイフで斬りつけてくる相手に対し

斬り上げの受け
右足を相手の右拳の下に踏み込む

2 右足を前に進めながら右手刀で受け崩す

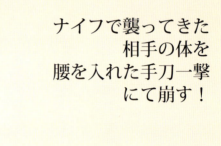

CHECK!!

手刀による崩しと中心軸の意識

右手刀と両足が一直線上にくるようにきめる。それにより接点と中心軸が一直線上にある状態で技がきまる。このような中心軸と接点を重ねた上での一撃で相手の身体（腰）はその瞬間で崩された状態になる。

接点
中心軸

相手の右側面
にまわる
左腰を入れる

◀◀3 右手で手首をつかみながら左足を進め、さらに左腕で相手の右腕を抱え込み

腰を真下に落とす
右足を踏み出す
左膝をつく

4 そのまま相手の身体を崩しつつとりおさえる

challenge
柔術
002
手首逆《てくびぎゃく》
Tekubigyaku

手首をつかまれた状態から
接点を二カ所取る状態となり
相手の腰を崩す！

技の動きを
動画で
チェック！

相手との接点を二カ所にする
左手を
相手の
右手首に
かける
じわりと腰を
落とし始める

2 右手で相手の手を上からとり、自分の手を押し付けたまま左腰を入れつつ胸を使い両手を上にあげ

1 相手が左手首をつかみおさえてきたところを

CHECK!!

接点を二カ所以上とる強み

手元の動きには力みをもたせずやわらかく行う。最初に右手で、次いで左手で相手との接点を二カ所以上としてとっていく。このように相手との接点を一カ所ではなく二カ所以上に取ることは、相手の身体との一体化が強まり、こちらの体さばきが相手に伝わる度合いがより大きくなっていく。

斬りおろしの心得で腕を下ろす
腰を落とす

◀◀3 そこから下に相手を崩し

中心軸を後ろにさげる要領にて身体を後ろに引く

4 さらに身体を後ろに引きつつ相手を取り押さえる

challenge
柔術
003
後取り《うしろどり》
Usirodori

背後から迫ってきた
相手の体を
腰の落としをきかせた体さばきで
崩し、取りおさえる！

技の動きを
動画で
チェック！

気配を感じる

腰をじわりと
落とし始める

1 相手が後ろからおそってくる

相手との接点
を二カ所にする

左腰をひく

2 右手で相手の左手首をとり、
さらに左腕で相手の腕をかかえこみ

CHECK!!

技のきめにおける腰の落しの重要性

さらに各動作では、腰が上に舞い上がって崩れてしまわないよう、常に下に落とす心持にて技をきめていく。腰を下に落とす動作は、このように身体の崩れを防ぐだけでなく、技の動きを手足中心ではなく腰中心のものとしてより確実に発揮していく上で有効な心得となる。

右手を上に
引き上げる
右腰入れる
腰全体を幾分
下げる

◀◀3 相手の左側に回りこみながら崩し

さらに腰を下に
大きく下げる
右膝立て
左膝つける

4 取り押さえる

素手でできる

おうち居合道

●*Sude Iaido at home*●

いそがしくて時間がない中でもおうちにて
素手で行うことのできる基礎エクササイズ。
居合道の上達のためぜひトライしてみましょう。

Ichimonjigoshi

01 一文《いちもん》字《じ》腰《ごし》

居合道における姿勢のとり方（腰のとり方）を基本からしっかりと育んでいく上で有効なトレーニングです。新陰流居合道での技のきめにおける身体の状態は、この一文字腰の状態をベースにした上でのものとなります。

SIDE

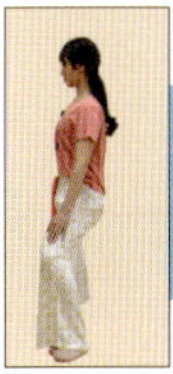

身体を前傾させるような形にさせず、身体を真下におろしていくことが大切。

頭頂が上を
向いている
可能な秒数を
キープ！
まっすぐな腰
はくずれない
左右足先それぞれ
45 度前方へ向く
膝は足先と
同じ方へむく

1 腰をまっすぐにとった上で、両足を肩幅よりもやや広くとり

2 そのまま腰を真下におろしていき、両膝が曲がる状態にしていく

※以上を無理のない回数で繰り返します。

Iaigoshi

02 居《い》合《あい》腰《ごし》

技を発揮していく上での足腰ならびに姿勢の鍛錬として行います。姿勢を正しく保ちつつ行うことや、前に出している足に体重をあずけて重心が左右に偏らないようにすることなどに注意します。

NG

前足に体重をかけていたり、身体が前足に傾いた上体で行わないようにする

FRONT

両足は左右
腰幅に開ける
前膝は少しだけ
前に出ている
左右にふら
つかない
前足は曲げる
後足は伸ばした
状態をとる
かかとは
あげる

1 腰をまっすぐにとった上で、足を前後に開く

2 そのままゆっくりと腰を下におろしていき、後ろ足の膝を床につけていく。その上で身体を上にあげ 1 の状態に戻る

※以上を無理のない回数で繰り返します。なお可能であれば 3 秒ほどかけて腰を下ろし、一方腰を上げる動きは 1 秒ほどですばやく行います

さらに知りたい 居合道 Q&A

もっと深く知りたいことや、
はっきり聞いておきたいこと。

皆さんの疑問を
一刀両段していきます。

Q1 努力が苦手です。強くはなりたいけど時間も労力もかけたくない。

A かつてない集中を決意し、新しい自分を見つけよう！

努力が苦手ととらえ面倒なことを避ければ、楽な生き方ができるかもしれません。しかしそのような自分に劣等感を抱えたまま生きることになるのではないのでしょうか。新陰流の達人・柳生宗矩に影響を与えた僧・沢庵宗彭の言葉に「一事を成さんとしたら本心一途にしたほうがよい」というものがあります。「何かを達成しようとしたら、脇目も振らずに集中し取り組むべきである」という意味です。いささか極端な行動かもしれませんが、そのようなことが出来れば目的達成の可能性が高まることは言うまでもありませんし、いつの間にか努力が苦手という気持ちもなくなっていくものです。そして、それは特別な能力や才能を持つ人にだけ出来ることではなく、決心次第で誰にも可能なことだと言えます。

Q2 日本は安全な国なのに、強くなる必要なんてあるの？

A 強くなることは、より良く生きる上で大切なことである

たしかに日本は治安の良い国だと言われています。しかしその日本でも危険が絶対に降りかからないという保障はできません。また、武道で強くなる成果は、単に危険な人物が迫ってきた時に対処ができることだけではありません。強くなることで自信が備わり、さらにそのような自信にあふれた姿が、危険な相手を寄せ付けないことも可能にします。そして、強さを得ることは、前向きで張りのある生き方をもたらすともいえるでしょう。

Q3 重い刀を使うんだからやはり相当な腕力が必要なんでしょ？

A 刀は腕力ではなく全身の体さばきで振る

新陰流居合道では、刀を腕の力だけで振るようなことはしません。自身の身体を崩さないためです。腕の力で刀を振ると、刀と身体は反対方向へと離れていきがちです。腕を前に向けて伸ばした反動で胴体が後ろにのけぞるからです。また、刀を前に振る勢いで身体全体が前に崩れてしまう場合もあります。いずれにしても腕力による振りは、相手を崩すはずの斬りで、自分自身が崩れるという実に好ましくない結果となってしまいます。また腕力による振りを行う場合、刀の重さが抵抗となり、片手による振りなどはほとんどできません。正しい振りならば、自分を崩さないばかりか、刀の重さはむしろ味方となり片手斬りも十分に可能に。

Q4 武道というと堅苦しいイメージがあって馴染みにくいのですが

A イメージだけで判断していては何も手には出来ない

どのようなことも実際に取り組むことで本質や魅力が理解できるものです。さらに沢庵ですが、彼の著書の中に「水のことをどれほど上手く説明しても実際には濡れないし、火もまた同様に熱くはならない。本物に直に触ってみなければはっきりと悟ることはできない（意訳）」という言葉があります。イメージだけで判断し、行動をしないようでは、何も得ることは出来ません。まずは取り組んでみること。そうすることで最初の想像とも違う手応えや成果の可能性も生まれてくるのです。

Q5 型稽古ばかりで実際に対応できる強さは身につくの？

A 型は強さを身につける上での学びのためのものである

型は、「実際の戦いにおいてこう対処しなさいというマニュアル」ではなく、「強さを発揮する上での要素を学び、身につけるための動き」です。それゆえにあえて難しい動きとなっている部分もあります。型の学習を通じて、理論や体の使い方、刀さばき、間合いなど数多くの要素を正しく理解し身につけていくことができるのです。型稽古で目指すものはその場だけの勝利ではありません。どのような相手に対しても学びえたことを千変万化させて対応し、決して負けることのない技を発揮できるようになることです。

Q6 現代において刀を振るなんて時代錯誤では？

A 刀には人の身体を育む時代を超えた力がある

刀は非常に使いにくい道具だと言えます。また一説には武士達が行っていた合戦では、弓や槍に比べ刀はあまり使われなかったとも言われています。しかし、武士達はそれでも刀を用い鍛錬を行っていました。なぜならそれにより、強さのための身体能力を身に付けられることを、武士達は知っていたからです。形状、重量などにおいて独特な刀と一体になるように動くことは相当難しいことです。しかし、そのことにより「強くなる」という時代を超えた意義を得ることができるのです。

Q7 上達をする上での手っ取り早いコツを教えてください

A 武道にコツはない。地道な取り組みを積み重ね、上達していこう

武道では、日々の地道な積み重ねこそが唯一の上達の方法です。手っ取り早いコツというものはなく、丁寧で厳密な反復稽古を重ねた上で少しずつではありますが確かな上達をしていきます。このように、武道においては急激な上達というものはあまり期待できないといえますが、日々取り組んでいるという行動、努力そのものが自分の誇りや自信に繋がり、精神、心の面の強さとなっていくといえます。

●新陰流協会のご案内

数多くの稽古場

新陰流協会では、現在、神奈川県相模原市の本部道場をはじめとして、藤沢、川崎、東京都荻窪、町田、錦糸町、北千住、自由が丘、恵比寿などの支部道場を持ち、新陰流居合道と新陰流剣術の稽古を行っております。すべての道場では随時稽古生を募集しています。詳細は、ホームページをご覧いただくか、下記連絡先までお問い合わせ下さい。

年齢、性別、運動経験などに関係なくどなたでも

当会ではほとんどの方が武道初心者からの入門であり、それまでの運動経験などに関係なくどなたにでも稽古を楽しんでいただくことができます。もちろん上達に関して、年齢、性別によるハンデなどもなく取り組んでいただくことが可能です。

新陰流協会　検索

入会および見学ご希望の方は、公式サイトよりお気軽にお問い合わせ下さい。
http://shinkageryu-kyokai.jp/

●参考文献
『やさしい太極拳1週間プログラム』（朝日新聞社）
『タイチライフ太極拳生活』（メディアパル）
『世界一やせるスクワット』坂詰真一（日本文芸社）
『女子の体幹レッスン』広瀬統一（学研）
『YOGA ポーズの教科書』綿本 彰（新星出版社）
『沢庵 不動智神妙録』池田 諭訳（タチバナ教養文庫）
『剣の法』前田英樹（筑摩書房）

カバーデザイン　松根マサト
撮影　細川憲一　山口　弘
実演　高田悠平　小池晃史
カバーモデル・実演　末岡志保美

女子の居合道プログラム

検印省略　ⓒ2018 shinkageryu kyokai
2018年11月10日　初版第一刷発行
監　修　新陰流協会
発行人　橋本雄一
発行所　株式会社体育とスポーツ出版社
〒101-0054 東京都千代田区神田錦町1-13 大手町宝栄ビル
TEL 03-3291-0911
FAX 03-3293-7750
振替口座　00100-7-25587
http://www.taiiku-sports.co.jp
印刷所　新日本印刷株式会社

落丁・乱丁本はお取り替えいたします。
ISBN978-4-88458-355-2 C3075
定価はカバーに表示してあります。